向井万起男

Mukai Makio

メジャーリーグに魅せられて

天才たちの記録と伝説

さくら舎

はじめに

1955年（昭和30年）。日本は戦後の荒廃から立ち直り、高度経済成長を始めようとしていた。貧しい日本から豊かな日本へと歩み始めた年だったと言ってイイ。私は8歳だった。

その1955年の秋、その後の私の人生を大きく左右することになる出来事があった。メジャーリーグ球団、ニューヨーク・ヤンキースの来日だ。

私は来日したヤンキースの試合を後楽園球場で1試合だけナマ観戦したのだが、その1試合だけでメジャーリーグの魅力の虜（とりこ）になった。ヤンキースの選手たちのプレーはこの世のものとは思えないほど素晴らしかった。華麗な内野守備、パワー溢れる打撃、躍動感に満ちた走塁……。

そのときのヤンキースの素晴らしさを客観的事実からもハッキリと示すことができる。直近10年間で6回もワールドシリーズ制覇。その年もアメリカン・リーグで優勝。来日メンバーのうち6人の背番号が後にヤンキースの永久欠番。ケーシー・ステンゲルの37、ホワイティ・フォードの16、ヨギ・ベラの8、エルストン・ハワードの32、ビリー・マーチンの1、ミッキー・マントルの7。こんな凄い面々が揃った球団というのは滅多にあるものではない。

8歳でメジャーリーグの魅力の虜になった私は、その後も来日したメジャーリーグの球団やオールスターチームの試合を少なくとも1試合は必ずナマ観戦していた。さらに、メジャーリーグに関する情報を収集するように心掛けていた。今は書物やインターネットでメジャーリーグの情報をドンドン入手できるが、当時は日本で入手できる情報は極端に少なかった。それでも入手するための努力は続けていた。

ところで。ヤンキースの試合をナマ観戦してメジャーリーグの虜になった私に起こった変化がもう1つある。メジャーリーグの本場・アメリカに対する興味が湧き上がってきたこと。私のアメリカの歴史や文化に対する興味の原点はメジャーリーグだと言い切れる。アメリカに関する本、アメリカ人作家の書いた小説、アメリカ映画……、こうしたものを片っ端から読んだり観たりするようになったキッカケはメジャーリーグだ。……そうそう、私は小学生のときに既にアメリカ全州の名前を言えるようになっていたし、アメリカの有名な都市がどこにあるかも言えるようになっていた。

1972年（昭和47年）に私は医学部を卒業して医師となったが、メジャーリーグに対する興味は8歳のときから少しも衰えていなかった。むしろ興味は一段と深くなったと言ってもイイ。夏休みや冬休みを利用して渡米して全米各地でメジャーリーグの試合を観戦するようになったし、アメリカでメジャーリーガーゆかりの地を訪ねるドライブ旅行を定期的に行うようにもなったし、本場アメリカでメジャーリーグ情報を次から次へと入手するようにもなった。こうした活動は勤務先の大学病院を定年退職した後も続けている。1年のうち2～3カ月をアメリカでメジャーリーグ中心のドライブ旅行をしながら過ごすこともある。
もうすぐ78歳となる今、私は自分の人生のかなりの部分をメジャーリーグが占めていたことを痛感している。メジャーリーグが私の人生を豊かにしてくれたことは間違いない。

本書は、私が『朝日新聞』の夕刊に12年間に渡って連載したメジャーリーグについてのコラムと新たに書き下ろしたコラムから成っている。
『朝日新聞』連載中は、松本行弘さんに大変お世話になった。本書を出版するに際しては、さくら舎の古屋信吾さんに大変お世話になった。この場をかりてお二人に感謝したい。

尚、本年3月、メジャーリーグに関するコラムを世界に向けて発信する全編英語のウェブサイトを開設しました。日本の方もアクセスしてくだされば嬉しいです。
サイト名は MLB FROM VARIOUS VIEWPOINTS
URL は https://www.mlb-mukai.com/

２０２５年２月

向井万起男

【目次】メジャーリーグに魅せられて——天才たちの記録と伝説

第1章 イチローの打撃の真髄

第2章 〝最後の4割打者〟の人間性

第3章 道路の途中にある休憩所

第4章『フィールド・オブ・ドリームス』

第5章 伝説、英雄、そして大谷翔平

メジャーリーグに魅せられて

――天才たちの記録と伝説

第1章　イチローの打撃の真髄

古池や　蛙飛び込む　水の音

米国では寿司店など日本料理店を目にすることが多い。都会に限らずどこでも。田舎街でもだ。そうした店の名前は日本語をアルファベットにしているものが多い。たとえば〝HANABI〟とか〝MIYAKO〟。ところが、日本人が経営していないことがバレバレでスペルを間違えている店に出くわすこともある。たとえば〝ICHIBAN〟と正しく書かずに〝ICHIBON〟と書いてあったりする。私はそういう店に出くわした場合、必ず店内に入っていく。そして料理をオーダーするときに店員さん（アメリカ人の店員さん）に「ここの店名って、ナンバーワンっていう意味？」と訊(き)いてみる。店員さんは〝アンタって、そんなことも知らないの〟とバカにしたような顔で「そうよ」と答えてくる。

よせばイイのに、日本語の店名なんか付けるからいけないんですよね。

大リーグとは何の関係もない話から始めたのには理由がある……つもり。

松坂大輔(まつざかだいすけ)は２００７年からボストン・レッドソックスでプレーするようになった。その年のシーズン開幕前、米国最高のスポーツ雑誌『スポーツ・イラストレイティッド』に松坂の特集記事が載った。その記事を読んだ私は、〝よせばイイのに〟と思ったのだ。

その記事には、ナント、松尾芭蕉(まつおばしょう)の俳句「古池や　蛙飛び込む　水の音」が引用されていたんです。もちろん英訳で。〝オイオイ、松坂と芭蕉の句に一体何の関係があるんだよ〞と思いながら読み進むと、松坂は古くからある大リーグという池の水面をバシッと叩いて凄い水しぶきを上げる蛙なんですって。……これって、芭蕉の句の風情とチョット、いや、かなり違いますよね？

私の〝よせばイイのに〞という気持ち、ご理解頂けていると思うのですが。

念のために。アメリカでは俳句のことを〝Japanese poem〞などとは言わずに〝HAIKU〞と言うのが普通ですし、俳句の愛好家がけっこういます。

イチローとノーベル賞

２００7年のこと。その年にイチローが２００本安打を達成すると7年連続２００本安打ということになった。

これが実現すると素晴らしいのだが、厄介な問題をひきおこすことになるだろうとも思った。実は、大リーグにおける年間安打２００本の連続最高記録は7年と言う人が多かったが、８年と言う人も少数ながらいたのだ。つまり、イチローは大リーグの最高記録に並んだと言う人と、並んだわけではないと言う人に分かれてしまうわけだ。

これは、大リーグが始まったのはいつなのかという問題と関係している。

では、大リーグが始まったのはいつなのか？　現在の2リーグ制（ナショナル・リーグとアメリカン・リーグ）となった1901年を近代大リーグの始まりとするのが一般的だ。ちなみに、1901年というのはノーベル賞が始まった年でもある。近代大リーグの歴史がノーベル賞の歴史とドンピシャ重なるなんて、どちらも好きな私にとっては嬉しいことです。

近代大リーグに限れば、年間200本安打の連続最高記録は7年ということになる。1983年から7年連続で200本安打を達成したウェイド・ボッグスの記録だ。

でも、1901年より前、つまり19世紀に既に大リーグは存在していたのだ、前近代の形とはいえ。そして、ウィリー・キーラーという選手が1894年から8年連続で200本安打を達成しているのだ（最後の8年目は奇しくも1901年だ）。

近代大リーグの記録だけが大リーグの記録と決めてしまってイイのか？　1901年より前の記録は一切無視してイイのか？　そんなことをするのは、ノーベル賞を受賞していないという理由で19世紀のダーウィンの進化論をまるっきり認めないのと同じではないのか。……くだらない冗談ですね。でも、米国では今でもダーウィンの進化論を認めようとしない人がけっこういますよね。そういう人は『聖書』に書かれていることは何でも信じたいというだけで、ダーウィンのノーベル賞受賞の有無は気にしてないみたいだけど。

冗談はさておき、イチローには2007年だけではなく2008年も2009年も200本安打を達成してもらいたいと私は思った。そうすれば、9年連続で万人が認めざるをえない大リーグ最高記録樹立ということになるから。そうなったら、私が個人的にイチローにノーベル賞をあげてもイイと思ったし。ただ、賞金はなしだけど。
念のために。イチローは10年連続200本安打という途轍もない大リーグ記録を達成した。

清教徒と野球選手の関係

斎藤隆(さいとうたかし)。2006年にロサンゼルス・ドジャースに入団し、抑えの投手として成功した男だ。その斎藤が2007年、自らの大リーグ体験を語った本を出した。『自己再生　36歳オールドルーキー、ゼロからの挑戦』(ぴあ、文／構成・生島淳)。日本人大リーガー本としては群を抜いて面白い。斎藤の生き様が実にイイし、チーム仲間のノーマー・ガルシアパーラ(首位打者2回)との交流には思わず泣けてくる。

ところで。ノーマー・ガルシアパーラは、ケープ・コッド・リーグ出身の大リーガーだ。ケープ・コッド・リーグというのは、大リーグを目指す全米の大学生が夏に米国東海岸側のマサチューセッツ州ケープ・コッドに集まって必死に戦う野球リーグのこと。大リーグ各球団のスカウトも集まり、大学生の実力を鵜(う)の目鷹(たか)の目でチェックする。

このケープ・コッド・リーグを描いた米国映画がある。『サマーリーグ』(2001年)。コメディー風の面白い映画だが、私には不満がある。ケープ・コッドという場所の意義をまるっきり無視して描いていることだ。

米国の歴史はケープ・コッド抜きには語れない。メイフラワー号に乗ってヨーロッパから米国に初めてやって来た清教徒たちは、最初にケープ・コッドの砂浜に上陸し、その後、ケープ・コッド近くのプリマスに定住することになる。つまり、ケープ・コッドは米国の聖地と言ってもイイくらいの場所なのだ。そういうところで全米の大学生が大リーグを目指して必死に戦うなんてロマンを感じません？……感じる人は感じるし、感じない人は感じないんでしょうね。私は目一杯感じるけど、『サマーリーグ』はまるっきり感じないで描いているわけですよ。

さて。清教徒たちは米国で共同生活を始めた。そして、次第に役割分担制が生まれてきたらしい。たとえば、洗濯係となった奥さんは全員の下着の洗濯をする。でも、奥さんは次第にヤル気がなくなってくる。他人の旦那の下着を洗濯したって何のトクにもならないから。で、役割分担制の共同生活はマズイと気付いたらしい。

今、大リーグでは投手を先発、中継ぎ、抑えとキッチリ役割分担させている。こんなことしていてホントにイイのか。歴史から何も学んでいないのではないか。それとも、大リーグの投手は役割に関係なく頑張れば高い給料貰えてトクするから問題ないのか。……冗談です、もちろん。

たかが野球、されどディマジオ

１９４１年、ニューヨーク・ヤンキースのジョー・ディマジオが成し遂げた56試合連続安打。有名な伝説にさえなっている不滅の大記録だ。

米国では、野球がテーマでもない多くの小説、映画、歌にディマジオの名が登場する。なんせ、有名な伝説をつくったディマジオだから。そうした作品の中から、映画を１つ紹介しておこう。『告発』（１９９４年）。

この映画は１９４１年の実話に基づいたものなので、ディマジオの名が登場するだけではなく、56試合連続安打の経過にも触れている。たとえば、「６月17日、ディマジオの連続試合安打は32」という科白（セリフ）。でも、これは間違い。６月17日における連続試合安打は32ではなく、正しくは30。

記録がストップした試合のディマジオ最後の打席のラジオ中継も流れる。「走者一塁、……ディマジオ打った、……ショートゴロ、……ダブルプレー、ディマジオの連続試合安打は56でストップ！」。これも間違い。走者一塁ではなく、正しくは満塁。それにだ、この打席は８回表のことだから、ディマジオがアウトになった時点でアナウンサーが記録がストップしたなんて言うわけがない。９回表にヤンキースが猛攻撃をしてディマジオに打席がもう一度回ってくるかもしれないではないか。延長戦になる可能性だってある。実際、この試合は危うく延長戦になるところを4対3でヤンキースが辛勝したのだ。試合が終わるまで何が起こるかわからないのが野球だ。

つまり間違いだらけ。でも、ディマジオや野球をこの映画ほど素晴らしく扱っている作品を私は他に知らない。この映画に私は惚れ込んでいる。……完璧な人よりも欠点だらけの人に人間味を感じるのと同じかもしれない。まぁ、完璧な人なんて世の中にいないけど。

貧しさゆえに微罪を犯した若者が刑務所で想像を絶する虐待を受ける。この若者を救うためには国家権力と戦うことも辞さない決意をかためたエリート校出身の青年弁護士。まるで境遇の違う2人の間に友情が芽生え、それがいつまでも続くことになる鍵は野球だ。2人が最初に交わす会話も最後に交わす会話もディマジオについてだ。……結末はハッピーエンドとは言い難い。でも、2人の魂は清く、心は気高く、誇りに満ちている。

この映画を多くの人に観てもらいたい。そして、野球や野球選手も人間の真の勝利に貢献できることをぜひとも知ってもらいたい。

野球界のゲティスバーグ演説

ルー・ゲーリッグは2130試合連続出場という素晴らしい記録を残し、1941年に逝った大リーガーだ。この記録は、1995年にカル・リプケン・ジュニアが破るまで大リーグ記録だった。

ゲーリッグは頑丈な体をしていたわけだ。その頑丈なゲーリッグが、こともあろうに、全身の筋肉が衰えていく筋萎縮性側索硬化症という難病に罹患するという不運にみまわれる（ちなみに、この病気は米国では「ルー・ゲーリッグ病」とも呼ばれるようになる）。この病気のために連続試合出場は止まり、引退に追い込まれる。そして、１９３９年７月４日（米国独立記念日だ！）、ヤンキー・スタジアムで盛大に行われた引退セレモニーでゲーリッグは感動的なスピーチを行った。そのスピーチの中でゲーリッグは永遠に語り継がれる名言を残した。「きょう、私は自分のことをこの地上で一番幸運な男だと思っています」（Today, I consider myself the luckiest man on the face of the earth.）。

ゲーリッグの有名な伝記映画『打撃王』（１９４２年）でもゲーリッグに扮した名優ゲーリー・クーパーが引退セレモニーでこの名言を吐くシーンがきちんと出てくるが、そのシーンは米国映画の歴史に残る名シーンと言われている。……ちなみに。この映画の原作、ポール・ギャリコ著『The Pride of the Yankees』の初版本を私は持っている。私が持っている大リーグ関連グッズの中で貴重度はかなり上位に位置するものだ。

ところで。引退セレモニーでゲーリッグが行ったスピーチは〝野球界のゲティスバーグ演説〟と呼ばれている。本物の〝ゲティスバーグ演説〟はエイブラハム・リンカーンが南北戦争が行われていた１８６３年11月19日にペンシルベニア州ゲティスバーグで行った演説。米国史上、最も有名な演説と言ってもイイものだ。〝そんな演説のことなんか聞いたこともない〟と言う人は大変な勘違い、誤解。記憶喪失をしているだけ。日本人だって誰もがこの演説の最も有名な一節は耳にしたことがあり、覚えているはずだから。その一節とは〝人民の、人民による、人民のための政治〟。日本ではこれがゲティスバーグ演説の中の一節であることを知らない人が多いようだが、この一節について多くの日本人が知らないことがもう1つある。この〝人民の、人民による、人民のための政治〟は素晴らしい言葉だが、それがどうしたのかということだ。日本ではゲティスバーグ演説のホンの一部の言葉だけを切り取ったものが有名になってしまっていて、この言葉の後はどうなっているのかを知らない人が多いのだ。

この言葉は、ゲティスバーグ演説の最後の一文に出てくるもの。では、それを英文と私の日本語訳で。

《～ goverment of the people, by the people, for the people, shall not perish from the earth.
（人民の、人民による、人民のための政治はこの地上から消えてはならない）》。

私が英文まで紹介した意図が何か、もうお気づきだろう。ゲーリッグの名言とゲティスバーグ演説の最も有名な一節はどちらも最後は同じ言葉、the earth（地上）なのだ。偶然とはいえ、なんて素晴らしい一致なんだろうと思いませんか？

米国で最も尊敬されるべき人物

今回は、米国を代表する2つの関係について。大リーグと大統領の関係だ。

まずは、始球式。これまで何人もの大統領が行っている。では、史上初めて大リーグで始球式を行った大統領は誰で、いつだったのか？　第27代大統領、ウィリアム・H・タフトが１９１０年４月14日に行っている。では、初めて大リーグで始球式を行った大統領がタフトだったのは何故（なぜ）なのか？　そんなこと誰にもわかるわきゃない。わかったようなことを書いている米国人がいるにはいるが、そういう人の言ってることは推論にすぎない。で、私も勝手に推論しちゃおうと思う。

タフトがオハイオ州シンシナティ出身だったことが理由なのではないか。シンシナティは世界で最初にプロ野球球団が誕生した地だ。１８６９年に誕生したシンシナティ・レッドストッキングス。このことをシンシナティは昔からずっと誇りにしている。となれば、シンシナティ出身のタフトが最初に始球式を行ったというのも何となく頷（うなず）けませんか？　ちなみに、これまで、シンシナティ出身の大統領はタフト以外にはいない。

次は、尊敬の対象という点について。昔、米国では大統領の次に尊敬されるのは大リーグ球団のオーナーと言われていた。実際はそんなことないような感じもするけど。どう考えても尊敬の対象とは言い難いオーナーもいたし。でも、私は大リーグが好きなので、尊敬の対象とは言い難いオーナーも嫌いになったことがない。オーナーがいないと大リーグが成り立たないんだし。

ところで。大統領にも大リーグ球団のオーナーにもなったという人物がいる。そんな、ひょっとすると尊敬の2乗の対象になっちゃうかもしれない凄い人とは、ジョージ・ブッシュ（子ブッシュのほうです）。

ブッシュ元大統領は、父ブッシュの影響もあってか子供の頃から野球が大好きだった（父ブッシュは名門エール大学の野球部キャプテンという経歴の持ち主）。そして、大リーグ球団のテキサス・レンジャーズの共同オーナーだったことがある。というわけで、世間が何と言おうが、私は子ブッシュが嫌いにはなれない。……これで私のことが嫌いになる人がいるかもしれない。でも私は大リーグの熱狂的ファンということで許して頂けるとありがたいです。

伝説は　こうして生まれる

大リーグの伝説的名場面として語り継がれるものは、何と言ってもワールドシリーズのものが多い。年間チャンピオンを決める短期決戦なので、すべての場面の意味合いがレギュラーシーズンとは違ってくるのだ。そうしたワールドシリーズの名場面から1つ。

1975年のボストン・レッドソックス対シンシナティ・レッズ。7戦中6戦が逆転試合という凄まじいワールドシリーズで、最終的にはレッズが4勝3敗でチャンピオンになった。名場面が生まれたのは第6戦だ。

試合は6対6の同点のまま延長12回裏、レッドソックスの攻撃に。先頭打者、カールトン・フィスクが右打席に入る。2球目を叩いたフィスクの打球はグングンのびてレフトポール際に向かっていく。フェアなら劇的なサヨナラ本塁打だが、ファールかもしれない。この、どっちになるかわからない状況での打者フィスクの姿が名場面として語り継がれているのだ。

この名場面を文章にしている人が多い。例を１つ。ロジャー・エンジェル著『アメリカ野球ちょっといい話』（１９８１年、集英社、訳・村上博基）からの引用だ。《ファーストへ向かいながら、彼は必死に手をふりうごかし、背をまるめ、身をよじり、くるくるまわりながら、打球がフェアであってくれと祈り、とうとう全身でフェアにしてしまった》。この文章を例にあげた理由が２つある。まず、この文章の直前に大事なことが書かれているから。《私はむろん打球を追っていたから、みんながテレビで見たものを見そこなった。フィスクの姿である》。そう、このときの名場面はフィスクの姿なので、球場にいたら打球を追ってしまってフィスクの姿に気付かないのだ。気付く人はテレビ観戦していた人たち。

もう１つの理由は、この文章が不正確だから。著者がこの文章を書いた頃はビデオが普及していなかったので、実際の映像を繰り返し見ることができず、テレビ中継を観ていた人の話だけを頼りに書いたのだろう。でも今、私はこの名場面のビデオもＤＶＤも持っている。で、もっと正確な文章が書ける。〈レフト方向に体を向けたまま一塁に進み始めたフィスクは、軽くジャンプしながら両腕を胸のあたりで懸命に振ってボールよフェアになってくれという仕草を３回ほど繰り返した。そして本塁打とわかると、体を一塁方向に向け、両手を頭上にあげて歓喜のジャンプをしながら前進して行った〉。……ね、かなり違いますよね。

ワールドシリーズはテレビ観戦するのが一番イイかもしれません。……そんなことないか。

イチローの打撃の真髄

イチローの打撃については多くの人が多くのことを語っている。でも語られていないこともある。今回は、その中からイチローの打撃の真髄を数字で示したい。

打率は割り算だ。安打数を打数で割って求める。で、高い打率を残すためには安打数を増やし、打数を減らすのがイイことになる。安打数を増やすためには安打を打つしかない（当たり前ですね）。打数を減らすためには四球を選ぶにかぎる（四球は打数には勘定されない、念のため）。この両方をバランス良くやっている選手が首位打者になりやすいと考えるのが普通だ。でも、イチローは四球を選ぶ気なんてサラサラないみたいに、ひたすら打って打数を増やしてしまう。こういう選手は首位打者になりにくいはずなのに、イチローはアメリカン・リーグの首位打者に2回もなっている。2001年と2004年。しかも、この2年とも、アメリカン・リーグで打数が最も多かったのもイチローときている。これがイチローの打撃の真髄だ。

……大リーグ史上、所属リーグで打数が最も多いのに首位打者になった選手はイチローを含めて9人しかいない。そして、こんなことを2回もやってのけたのはイチローだけだ。さらに、大リーグ史上、最も打数が多かった首位打者は2004年のイチロー（704打数）、2番も2001年のイチロー（692打数）ときている。

イチローが2回目の首位打者となった2004年の打率は3割7分2厘。これは21世紀の最高打率。今でも、この打率を超えた選手は1人もいない。そして、打数は所属リーグのトップ（実は両リーグ合わせてもトップ！）。さらに、大リーグ史上、この年のイチローの打数は首位打者として最も多い。となれば、この年にイチローが達成した年間安打262本という大リーグ記録は永遠に破られないと考えてイイだろう。

ヒラリー・クリントンの逆襲

米国のアクション娯楽映画で私が一番好きなのは、『ダイ・ハード』（1988年）。高層ビルを占拠した強盗団に戦いを挑むジョン・マクレーン刑事にはホントに痺れる。さて、『ダイ・ハード』には米国ならではの〝配慮〟がいくつも窺える。たとえば、マクレーンは強盗団の一味を次から次へと殺していくが、強盗団の中に1人だけいる黒人は殺さない。多くの米国人に楽しんでもらおうという娯楽映画で白人刑事が黒人を殺しちゃうのはマズイわけだ。そうそう、この映画の原作小説では強盗団の中に女性が数人いるが、娯楽映画のヒーローが女性をドンドン殺しちゃうのもマズイので、すべて男性に変更されている。

ところが、こうした〝配慮〟は2作目以降は少なくなり、マクレーンもトンデモナイ言葉を吐いたりするようになる。その極めつきが、『ダイ・ハード3』（1995年）。女性が運転する車に急に追い越されたマクレーンが怒鳴るのだ。「ヒラリー・クリントンのつもりか！」。

……ひょっとすると、これが多くの米国人男性のヒラリーに対する本音なのかもね。

私はヒラリーがけっこう好きだ。で、ここで、『ダイ・ハード3』に対してヒラリーに逆襲させてあげよう。

「ワタシはこの映画の間違いを指摘したいわ。ニューヨーク・ヤンキースの本拠地球場、ヤンキースタジアムのシーンよ。刑事でもない普通の男性が真っ昼間に1人で誰もいない観客席に入り込んで、堂々とグラウンドのそばまで近づいちゃってるわね。そして、その男性を殺そうと銃で狙う2人の悪漢まで勝手に入り込んじゃってるわね。それでいて、グラウンドでは係員が何も気にせずにノンビリ仕事してるわね。同時多発テロ前の映画だからって、ヤンキースタジアムの警備をそこまでイイ加減に描かないで欲しいわ。いくらなんでも、そんなにイイ加減じゃなかったのよ、昔だって。……ワタシはかつては飛び切り有能な弁護士で、ニューヨーク州選出の上院議員だったこともあるのよ。でね、この映画を名誉毀損で告訴するようにヤンキースを説得してもイイのよぉ〜。おわかり?」。

同時多発テロ以降、ヤンキースタジアムの警備はメチャクチャ厳しくなった。

米国でもチームワークは大事

アンドリュー・ゴードン著『日本人が知らない松坂メジャー革命』（2007年、朝日新書、訳・篠原一郎）は、内容が濃くて読み応えのある本だ。

著者はハーバード大学教授。専門は日本の歴史。では、なんでそんなオカタイ人がこんな本を書いたのか？　実は、この人は日本の歴史より大リーグ、特にボストン・レッドソックスに興味があるのだ。そんな失礼なこと言っちゃってイイのかですって？　イイんです。本業に自信がある人は本当のことを言われても気にしないから。

さて。さすがプロの歴史家だけあって、大リーグについて書いても奥行きの深さが類書とは違う。一応、松坂大輔の大リーグ1年目の様子をメインテーマとしているが、随所でピカリと光る歴史的考察をしているのだ。

日本と米国では文化や国民性が違うから野球にも両国間で大きな違いがある、とよく言われる。著者は、こうした考えには反対の立場。文化や国民性は他国と影響し合って変化するから固定観念で捉えるのは危険だと歴史的事実を例にあげて主張している。実に説得力がある。それから、日本人はチームワークを重視するが米国人は個人を重視するという固定観念に対しても例をあげて反対している。これも説得力がある。私も大賛成。で、ここで、米国映画の一場面を紹介しておきたい。米国人もチームワークが大事と考えていることがトテモよくわかる場面だ。

盛装した恰幅（かっぷく）のイイ男が、ディナーの席でバットを手にしながらスピーチをする。「男は1人でマウンドに立つ。何のためだ？　自分の成績を残すためだ。マウンドで男は孤独だ。しかしだ、フィールドにはチームの仲間がいるんだ。ボールから目をそらさず、投げて、捕って、ハッスルしてくれる仲間だ。つまりだ、チームワークなんだよ。たしかに、ベーブ・ルースやタイ・カッブのような凄い打者もいる。でも、チームの仲間がフィールドにいなかったらどうなるんだ？　わかるな、何の意味もないんだ。晴れた日曜日、スタンドはファンで一杯だ。そんなとき、何が大事なんだ？　チームが勝つことだ。チームが勝たなきゃ何の意味もないんだ」

これは、『アンタッチャブル』（１９８７年）でギャングのアル・カポネがしているスピーチ。このスピーチの直後、アル・カポネはギャングのチームワークを乱した仲間をバットで殴り殺しちゃう。……やっぱり日本と米国は違うか？

大記録を分かち合った2人の男

２００７年12月、『ミッチェル・リポート』が発表された。元上院議員ジョージ・J・ミッチェルが大リーグにおける薬物使用の実態を調査し、報告したもの。

このリポートが偉大な選手の薬物使用を指摘していたので大騒ぎとなった。ロジャー・クレメンス。１９８４年から２００７年まで24年間も大リーグで活躍し、サイ・ヤング賞（最優秀投手賞）７回受賞という大投手だ。……本人は薬物使用を否定しているが。

私は、クレメンスの薬物使用が指摘されていると知ったとき、すぐに１人の男を思い浮かべた。ケリー・ウッド。１９９８年から２００８年まで大リーグでプレーした投手だ。

１９９８年５月６日、20歳の新人ウッドは１試合20奪三振をやってのけた。これは、それまで１人の男しか達成したことがない大リーグ記録に並ぶものだった。その男とは、ロジャー・クレメンス。

さて、SETH SWIRSKY著『EVERY PITCHER TELLS A STORY』（１９９９年、邦訳なし）。大勢の投手に質問し、その返事の手紙を掲載した本。ウッドにも質問している。20奪三振を達成した試合の後、クレメンスからウッドに電話があったそうだが、ロケット（クレメンスの愛称）はウッドに何を話したのか？　ウッドの手紙の写真が載っているが、飾り気のない若者らしい字で書かれた率直な文章だ。

《……彼から電話がかかってきたと言われたとき、僕は最初、冗談かと思った。でも受話器を手にすると、彼が言ったんだ。「やぁケリー、ロケットだ。おめでとう」。僕は何と言ったらいいのかわからなかった。彼とは会ったこともなかったんだ。……彼は、僕と記録を分かち合えてハッピーだし誇りに思うと言ってくれた。シーズンオフに僕は初めて彼と会った。……彼は偉大な人物だ。彼に会えたことは光栄だし、決して忘れられない経験だ》

ウッドは今、クレメンスのことをどう思っているのだろう。

念のために。１試合20奪三振はクレメンス、ウッドに続いてランディ・ジョンソン（２００１年）とマックス・シャーザー（２０１６年）が達成している。

〝呪い〟は解けずに残っている

1920年、ボストン・レッドソックスはスター選手のベーブ・ルースをニューヨーク・ヤンキースに売り渡してしまった。大打者ルースを手に入れたヤンキースはワールドシリーズ制覇を繰り返すようになる。一方、レッドソックスはワールドシリーズ制覇ができなくなる。それまでは5回も制覇していたのに。これが有名な〝バンビーノの呪い〟（バンビーノはベーブ・ルースの愛称）。でも2004年、遂にレッドソックスはワールドシリーズを制覇した。で、〝バンビーノの呪い〟は完全に解けたと言われている。でも、私はそうは思っていない。

投手が安打も得点も許さず勝利すればノーヒット・ノーラン。さらに四死球やエラーによる走者さえ1人も出さずに勝利すれば完全試合だ。

さて、レッドソックス時代のベーブ・ルースは投手としても大活躍していた。そして1917年6月23日、対ワシントン・セネタース戦で先発した。その初回、セネタースの先頭打者レイ・モーガンに投げた3球すべてがボールと判定されると、ルースはマウンド上から主審に文句を言った。主審も負けずに言い返す。で、ルースは4球目を投げた。判定はボール。四球だ。ルースは主審に猛烈に抗議。ここで、主審はルースに退場を命じた。投手はアーニー・ショアーに交代。ショアーは2日前の試合で投げていて、その日はのんびりベンチに座っていたのだが、他の投手の準備ができるまでと言われて急遽登板したのだ。ショアーが登板すると、四球で一塁に出ていたモーガンが盗塁を試みて失敗。その後、ナント、ショアーは1人も走者を出さずに最後まで投げきって勝利投手となってしまった。で、この試合はルースとショアーの継投によるノーヒット・ノーランだ。四球で1人出塁させただけだから（大リーグでは、ノーヒット・ノーランと完全試合は継投でも認められる。継投による完全試合はこれまで一度もないけど）。でも、実に惜しい。もし、ルースが3球投げて主審に文句を言ったところで退場させられショアーに交代していたら、継投による完全試合になっていたかもしれないではないか。

実は、この試合以降、レッドソックスには完全試合を達成した投手が1人もいないのだ。宿敵ヤンキースには4人もいるのに（1人はワールドシリーズで達成）。……これも間違いなく〝バンビーノの呪い〟だと私は思っている。

デトロイトが消えてしまった？

大リーグの球団の名前は、本拠地の地名とニックネームの組み合わせからなっている。たとえば、シアトル・マリナーズのシアトルは本拠地の地名、マリナーズはニックネーム。大リーグが大好きな人は、全球団の名前を正確に言える。ナショナル・リーグとアメリカン・リーグのどちらに属しているかも。

大リーグに興味がない人は、そんなことを憶える気なんてサラサラないでしょうね。でも、大リーグ球団の本拠地となっている地名くらいは一通り憶えておいたほうがイイかもしれない。

そうしておかないと、米国映画を観ても製作側の意図を汲（く）んであげられなかったり、トンデモナイ誤解をすることもあるから。

サスペンス映画、『カオス』（２００５年）。この映画にはシアトル市警の職員が大勢登場するが、コンピュータにヤケに詳しい１人の男性職員は胸にBoston（ボストン）と書かれた野球のユニフォームをいつも着ている（下は普通のパンツ）。これだけで、この男性が風変わりな人物だとわかってあげないといけない。マリナーズの本拠地シアトルで暮らしているのにボストン・レッドソックスのユニフォームをいつも着てるんですからね。

ちょっと古い映画、『黄昏（たそがれ）』（１９８１年）。名優ヘンリー・フォンダが扮する老人が新聞を読みながら言う科白、「デトロイトが消えたぞ」。これは、デトロイト市が世の中から消えてしまったと言ってるわけではなく、新聞がデトロイト・タイガースという大リーグ球団のことを順位表に載せるのを忘れてしまったと言ってるだけ。この映画の原作戯曲『On Golden Pond』（１９７８年。邦訳本はないと思う。日本でも舞台劇として上演されているようなので、邦訳がどこかに発表されているかもしれないが）では、そうしたことが誰にでも伝わるような科白が続くが、映画では省かれている。で、デトロイト・タイガースを知らないとホントにデトロイト市が世の中から消えたと誤解しちゃうかも。しかも、自動車産業で有名なデトロイト市だから、日本車の進出のせいで消えちゃったと誤解しちゃうかも。……そんな誤解するわきゃないか。

では、最後にトリビアを1つ。1901年、アメリカン・リーグが8球団で発足した。この8球団のうち、球団名が1901年以来ずっと変わらずに存続しているのはデトロイト・タイガースだけ。……そんなのトリビアじゃなくてどうでもイイこと？　ふ〜ん。

スキヤキとシャブシャブ

2007年からボストン・レッドソックスでプレーした岡島秀樹（おかじまひでき）はリリーフ投手として大活躍した。

ところで。岡島の投球フォームはあまりに独特なので誰もが驚いたものだ。

左投手の岡島は投球動作に入ると、左腕を天に向かって真っ直ぐ上げていた。つまり、左腕が地面と垂直になるように上げていたわけだ。そして、その左腕を地面に向かって振り下ろしていた。最後まで完全に振り下ろしていた。これは投球フォームとしては理想的だ（腕を完全に振り下ろさない投手が大リーグにもいる）。ところが、岡島は左腕を地面に向かって振り下ろす瞬間、顔を下に向けてしまって本塁方向を見ていなかった。これに誰もが驚いたわけだ。投手が本塁方向を見ないで球を投げてもイイのか、と。

投手は本塁方向を見ながら球を投げたほうがイイのは当たり前だ。でも、岡島は腕を完全に振り下ろしているではないか。人間に対して、すべて完璧を要求するのは酷ではないのか。それに、顔を下に向けて腕を振り下ろすと、上半身すべての回転力を腕に与えやすい（皆さんも自分で試してみればわかると思う）。さらに、大リーグには顔を下に向けて投げる投手は岡島以外にもいた。永遠に語り継がれるほどの名投手だ。

ドジャースの左腕エース、サンディ・コーファックス。１９６２年から６４年にかけて毎年１回ずつノーヒット・ノーランを達成。翌１９６５年には大リーグ史上最高の完全試合を達成（14奪三振という凄い投球内容。対戦相手のカブスの投手、ボブ・ヘンドリーもドジャースに１安打１四球しか許さず、ドジャースは１対０で辛くも勝った）。コーファックスは相手打者によって投球フォームを微妙に変える投手だった。顔を下に向けて投げることもあった。上目遣いで何とか本塁方向を見続けてはいたけど。でも、ごくたまにだが、本塁方向を見ていないとしか私には思えないときがあった。

野茂英雄の独特な投球フォームには〝トルネード〟投法という名前が付けられていたのは有名だ。でも、岡島の独特な投球フォームには名前が付けられていなかった。で、私は提案したい。坂本九の『上を向いて歩こう』はどういうわけか米国では『スキヤキ』という曲名でヒットしたんだから、下を向いて投げる岡島投法は〝シャブシャブ〟投法でどうだろうか。そんな名前じゃ岡島が怒る？　岡島はそんな了見の狭い男じゃないと私は思うけど。

フィラデルフィアで流れる歳月

２００８年、大リーグのファンなら必読という本が出版された。佐山和夫著『大リーグ・フイリーズ10,000敗〝友愛の町〟球団が負けても負けても愛されるわけ』（志學社）。

大リーグの名門球団フィラデルフィア・フィリーズが創設以来125年目の2007年、通算1万敗目という敗戦を喫した。すべてのプロスポーツで最多敗戦記録という大変な記録。この本の著者は、1万敗目の試合をフィラデルフィアで観戦しつつ、フィリーズの歴史、こんなに負けてきた球団を応援し続けるファンの姿などを見事にリポートしている。

さて。私もフィリーズには特別な想いを抱いている。なにしろ本拠地がフィラデルフィアだから……。

最近のフィリーズはけっこう強い。でも、昔は弱かった。ホントに弱かった。1997年に90歳で逝った著名な作家、ジェームズ・ミッチェナーは、弱いフィリーズを応援し続けてきた自分の心情についてコラムを書き遺している。『フィリーズとともに討ち死にした歳月』（『ラスト・アメリカン・ヒーロー』所収、1988年、東京書籍、訳・岡山徹）。実に面白いコラムだ。若い批評家に「悲観的という感覚をもたれることはないのですか？」と尋ねられたミッチェナーは、こう答えたそうだ。「お若いの、フィリーズを応援していれば、悲観的な感覚が持てるよ」。

それでもフィリーズのファンは応援し続ける。いや、応援し続けなければいけない。悲観的な心の中に少しだけでも楽観的な希望を持って。だって、フィラデルフィアは自由と平等と幸福の追求を高らかに謳（うた）った米国独立宣言が行われた市ではないか。米国の希望の原点ではないか。

映画『ロッキー』(1976年)。無名のボクサー、ロッキーが世界チャンピオンに果敢に挑む舞台はフィラデルフィアだ。懸命に走ってトレーニングするロッキーの姿に合わせて流れる、あの胸躍り希望が湧いてくるテーマ曲は、フィラデルフィアに最も似合う。

映画『フィラデルフィア』(1993年)。エイズ患者ゆえに陰湿な差別を受けた白人男性のために黒人弁護士が敢然と戦う舞台がフィラデルフィア(Philadelphia)なのは当然だ。……その黒人弁護士のオフィスの片隅には、赤地に白でPと記された帽子がさりげなく置かれている。もちろん、フィリーズの帽子だ。

ボビー、最後のスピーチ

毎年6月になると私は2人の男を思い出す。まず、ドン・ドライスデール。ロサンゼルス・ドジャースの右腕エースだった男で、1968年には偉大な記録を樹立している。次に、第35代米国大統領ジョン・F・ケネディの実弟、ロバート・F・ケネディ(愛称はボビー)。兄の政権時には司法長官を務めた。のちにニューヨーク州選出上院議員となり、1968年には大統領をめざして民主党予備選で戦っていた。

日本でもドライスデールの偉大な記録について語られている。しかし、間違えて語られていることが多い。たとえば、こんな風に語られているのだ。「58イニング3分2連続無失点という大リーグ新記録を達成したドライスデールをボビーはスピーチの中で讃(たた)えた。そのスピーチの直後、ボビーは銃で撃たれて亡くなった」。これは完全に間違っているのだ。

1968年6月4日、ドライスデールは6試合連続完封勝利を地元ロサンゼルスで達成した。1904年にドク・ホワイトが樹立した5試合連続完封勝利を64年ぶりに破る大リーグ新記録だ。しかし、この時点で連続イニング無失点はまだ54で新記録は達成していない。

同じ日、カリフォルニア州の民主党予備選が行われた。この予備選を制したボビーは翌5日、ロサンゼルスの大勢の支持者の前でスピーチを行ったが、その冒頭でドライスデールの6試合連続完封勝利を讃えた。58イニング3分2連続無失点記録を讃えたわけではないのだ。だいたい、その時点では58イニング3分2連続無失点記録は達成されていないのだから讃えるわけがないではないか。そしてスピーチの直後、ボビーは銃で撃たれ、翌6日に亡くなった。

その2日後の8日。ドライスデールは、1913年にウォルター・ジョンソンが樹立した56イニング連続無失点という大リーグ記録を55年ぶりに更新して58イニング3分2とした。ドライスデールの連続イニング無失点記録は20年後に破られた。でも、6試合連続完封勝利はいまだに並んだ者すら1人もいない。

米国映画『ボビー』（2006年）は、ドライスデールの6試合連続完封勝利、それをスピーチの冒頭で讃えるボビーの姿、スピーチの直後に銃で撃たれるボビーの様子を正確に伝えて終わる。でも、ドライスデールがウォルター・ジョンソンの連続イニング無失点記録にヒタヒタと近づいていたことには一切触れないままだ。これでは不十分だろう。

毎年6月になると、私は偉大な記録の正しい伝え方について思いを巡らし、大勢の米国人にとって希望の星だったボビーの死を悼む。

ボストン美術館の快挙

私の女房は宇宙飛行士の向井千秋(むかいちあき)。それが大リーグと何か関係あるのか？　あるわけがない。それでも今回は、どういうわけか女房の話。

女房は大リーグの試合を何度か本場で観戦したことがある。でも、大リーグの熱狂的ファンというわけではない。とりあえず何にでも興味を持ってみるというスタンスの女房なので、大リーグの試合もとりあえず何度か観戦してみたというだけ。

さて。２００８年5月、女房は宇宙開発関連の学会に出席するためにボストンに出かけた。そして、私に国際電話をかけてきた。「マキオちゃん、ボストン・レッドソックスの人気って凄いのね。私、学会が終わってから試合を観るためにフェンウェイパークに行ったんだけど、チケットは売り切れちゃってんの」。私は女房に言った。「あのなチアキちゃん、レッドソックスの試合はいつも満席なんだからさ、フラッと行ってもチケットが手に入るなんて考えちゃダメなんだって。そういうことするのはチアキちゃんみたいな素人さんだけなんだよ」「ホントにそうみたい。チケット売場の人に訊いたら、当日売りが欲しかったら朝の5時に来て並べだ

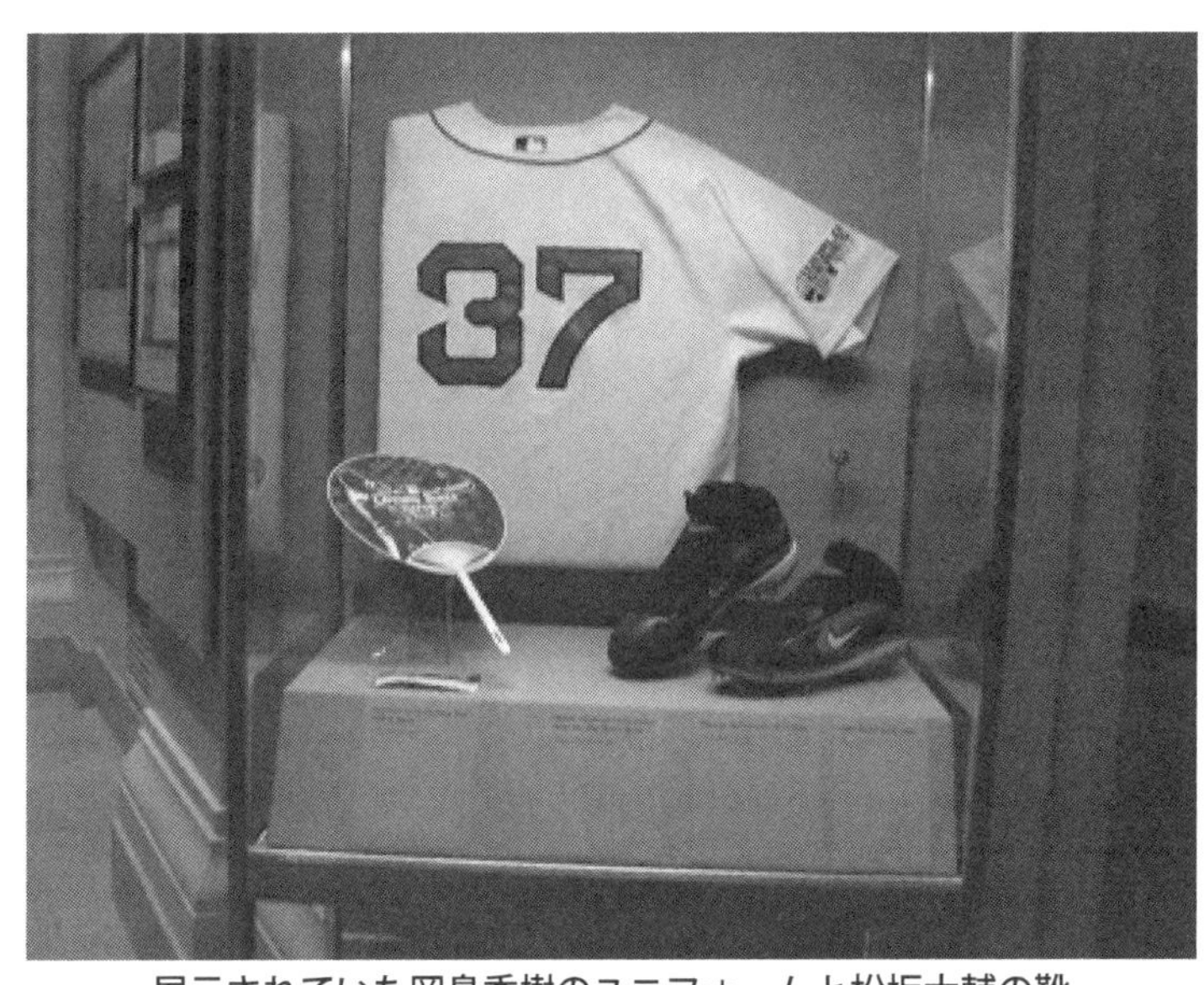

展示されていた岡島秀樹のユニフォームと松坂大輔の靴

って。ビックリよ」。

女房の話はこれでオシマイではなかった。とりあえず何にでも興味を持ってみる女房は、ボストン美術館にもとりあえず行ったようだ。そして、松坂大輔の靴と岡島秀樹のユニフォームが展示されているのを発見して、写真に撮ったらしい。「おいおいチアキちゃん、ボストン美術館って日本の美術品がたくさんあることでも有名なんだぜ。浮世絵とかさ。そんなとこがナンデ松坂と岡島の野球用品を展示してんだよ」「ナンデだったかなぁ。マキオちゃんがインターネットで調べてみてよ」。

もちろん、私はすぐに調べてみた。

レッドソックスが２００７年のワールドシリーズで優勝したこと、その優勝には日本からの２人の新人の活躍も欠かせなかったこと、その日本で２００８年のレッドソックスの開幕戦が行われたことなどを記念して、ボストン美術館は野球の特別展示を行ったようだ（２００８年4月8日から7月20日まで）。その一環として、松坂と岡島の野球用品も展示していたらしい。天下のボストン美術館がこんなことしてくれてるなんて嬉しいじゃないですか。

ド派手な親子、ジミ〜な親子

２００８年6月9日、ケン・グリフィー・ジュニアが通算６００本塁打を達成した。大リーグ史上６人目という快挙だ。でも、この快挙には実に惜しいことが１つだけある。達成するのがチョットばかり早すぎたのだ。

ケン・グリフィー・ジュニアの父親ケン・グリフィー・シニアも大リーガーで、２人は同じ大リーグ球団で一緒にプレーした史上初の親子。さらに、大リーグの同じ試合で２人揃って本塁打を打った史上初の親子。そして、とっても仲のイイことで有名な親子。となれば、記念すべき６００号本塁打は6月15日の父の日に打って欲しかったじゃないですか。父親へのプレゼントとして。ジュニアは通算５００号本塁打はバッチリ父の日（２００４年）に打ってるので、６００号本塁打も父の日に打つだろうと私は期待していたんですよ。冗談ではなく本気で。

ところで。親子揃って大リーガーはケン・グリフィー親子だけではない。大リーグの歴史を振り返ると、その数の多さに驚くほどだ。でも、２人揃って歴史に永遠に名が残る親子大リーガーとなると、その数はグッと少なくなる。ケン・グリフィー親子はそうした少数派に属するわけだ。なんせ、2人で史上初というド派手な記録を連発し、息子は史上6人目の快挙まで達成したんだから。

ではここで、2人揃って歴史に永遠に名が残る親子大リーガーをもう1組紹介しておこう。ただし、ケン・グリフィー親子のようなド派手な親子ではなく、地味な感じの親子。

ジム・バグビー・シニアは1920年に31勝という立派な成績を残した投手だが、通算勝利数は127で並のレベル。ところが、ワールドシリーズで本塁打を打った最初の投手という地味な記録で歴史に永遠に名が残ることになった（本人のレギュラーシーズン通算本塁打はたったの2本という地味さにも注目！）。息子のジム・バグビー・ジュニアも投手だが、通算勝利数は97で父親以下。ところが1941年、ジョー・ディマジオの有名な連続試合安打を56で止めたという地味な功績で歴史に永遠に名が残ることになった（リリーフ投手としてディマジオの最後の1打席を抑えただけで、しかも内野手のファインプレーのおかげだったという地味さにも注目！）。

私はド派手なケン・グリフィー親子も好きだが、地味なジム・バグビー親子もけっこう好きなのだ。こういう地味な親子2人の名が歴史に永遠に残るなんて何だか嬉しいじゃないですか。そんなことないですかね。

野茂が私に教えてくれたこと

私は野茂英雄と対談したことがある。20年以上も前、野茂が現役大リーガーだったときのことだ。

対談場所のホテルの一室で野茂を待っていた私はチョッピリ不安だった。私ごときを相手に野茂はきちんと話をしてくれるんだろうか？

野茂が現れた。立派な体格だ。まるで目の前に大木がドーンと立っている感じ。スゲェ～なぁ、と私が見とれていると、野茂はきちんと直立した姿勢から礼儀正しく頭を下げて言った。「よろしくお願いします」。あらら、こりゃヤベェ、と私は慌てて野茂に近づいて挨拶し、名刺を差し出した。野茂は私の名刺を両手で礼儀正しく受け取り、ジッと読んでいる。私なんかの名刺をジッと読んでも何の意味もないのに。で、こりゃヤベェと思った私は、特別に用意してきたものを野茂に見せた。パネル写真だ。２００1年4月4日、ボストン・レッドソックスに在籍していた野茂が2度目のノーヒットノーランを達成した瞬間のパネル写真で、レッドソックスの本拠地球場フェンウェイ・パークで売られていたものだ。野茂と捕手のジェイソン・バリテックが抱き合って喜んでいる姿が写っている。もちろん、私はそのパネル写真にサインをしてくれないかと野茂にお願いした。野茂はニコッとして、サインをしてくれた。

さて、対談開始。私が忘れられない野茂の言葉が3つある。まず、「野茂さん、答えたくない質問には答えなくてもイイですから」と言った私に対する返事。「僕はどんな質問にも答えます。答えたくないことなんて僕には何もないです」。ホントに野茂は私のどんな質問にもきちんと答えてくれた。それから、「大リーグだけが野球じゃないです。日本のプロ野球も社会人野球も草野球も野球です。どんな野球も素晴らしいです」、「僕が米国で苦しかったときに助けてくれた選手のことは生涯忘れません。彼らが苦しい立場になったら今度は僕が助けてあげたいです」。

2008年3月、レッドソックスが開幕戦を日本で行うために来日した。選手たちが日本に到着した日の夜、東京のホテルで来日記念パーティーが催された。私は知人の計らいでパーティーに出席することができた。

パーティー会場で私はジェイソン・バリテックを見つけ、声をかけた。あのパネル写真に野茂と一緒に写っている捕手だ。バリテックは長旅で疲れていたのか愛想が良くなかった。でも、私があのパネル写真を見せると態度が激変した。そして、「オー、ノモ！」と叫び、パネル写真にサインをしてくれた。

多くの人に愛され、神にも愛され

大リーグで3000本安打を達成すれば「野球の殿堂」入り間違いなしと言われる。そのくらい、大リーグでは３０００本安打は凄いこととされている。これまで33人が達成している（２０２４年時点）。今回は、この33人の中から1人の男について。

３０００本安打の代表格のように扱われている男だ。米国で３０００本安打が話題になると、いつも決まってその男の名前があがる。１９５８年に３０００本安打を達成したスタン・ミュージアル。３０００本安打を最初に達成した男でもないし、通算安打数が一番多い男でもないのにだ（スタン・ミュージアルは大リーグで３０００本安打を達成した８人目の男。通算安打３６３０本は大リーグ史上第４位）。

イイ例がある。米国映画『Mr.３０００』（２００４年）。主人公は、大リーグで３０００本安打を達成したから「野球の殿堂」入り間違いなしと安心して引退した男。ところが、あとで計算し直してみたら２９９７安打しか打っていないことが判明する（こんなバカなこと実際にはあるわきゃないけど）。で、主人公は、あと3安打を打つために10年ぶりに現役復帰する。さて、この主人公の名前が〝スタン・ロス〟。スタン・ミュージアルを意識してのスタンなのは明らかなのだ。２００４年の映画にしてこれですからね。

では、どうしてスタン・ミュージアルなのか？　まず、敵味方関係なく多くの人に愛される男だったから。いつも笑顔を絶やさない、人柄が素晴らしい男だったのだ。次に、長くつらかった第2次世界大戦の後で最初に３０００本安打を達成した男だったから。しかも、３０００本安打の男が誕生したのが16年ぶりだったから（こんなに長い間にわたって３０００本安打達成の男が誕生しないなんて、これ以降はない）。これは、巡り合わせというか、スタン・ミュージアルが神に愛されていたとしか言いようがないだろう。

多くの人に愛され、神にも愛されると歴史に名が妙に残るということなんですね。

1998年の忘れられない恋

トム・ゴードン。1988年に大リーグにデビューし、2009年に引退した投手だ。最初は先発投手だったが、1996年の途中からリリーフ投手に転向している。

私はトム・ゴードンには大して興味を抱いていなかったのだが、1999年から急に注目するようになった。

その1年前の1998年、トム・ゴードンはボストン・レッドソックスの抑えの切り札として光り輝いていた。46セーブという素晴らしい成績を残し、ア・リーグの最多セーブのタイトルまで獲得した。でもそれだけなら、私だって妙にこだわったりはしない。最多セーブの投手は毎年誕生するわけだし。ところが、この年のトム・ゴードンの活躍をとりあげ、タイトルにその名前まで入れた傑作小説が翌1999年に出版されたのだ。スティーヴン・キング著『The Girl Who Loved Tom Gordon』（邦訳本のタイトルは見事な直訳。『トム・ゴードンに恋した少女』、新潮文庫、訳・池田真紀子）。

主人公は金髪の白人少女、トリシア。まだ9歳だ。レッドソックスの大ファンで、一番のお気に入りはトム・ゴードン。美男子のトム・ゴードンに手を握られたら気絶しちゃうとさえ思っている。そんなトリシアが森の中で迷子になり、生き残りをかけた戦いを始める。その戦いの間、孤独なトリシアが心の支えとするのはトム・ゴードンだ。大好きなトム・ゴードンの活躍ぶりを思い浮かべては勇気を奮い起こし……。

1人の少女がトム・ゴードンに恋して、心の支えにまでしたのだ。大リーガーにとってこれ以上に素晴らしいことなんて滅多にあるもんじゃないだろう。

私は1998年のトム・ゴードンを決して忘れない。〝どんな恋にも必ず終わりがくる〟なんて言わせない。

神に召された男が残した言葉

大リーグで生涯通算安打数が3000本以上という男は33人いるが、その中に1人だけ、ジャスト3000本で生涯を終えた男がいる。

ロベルト・クレメンテ。生涯通算安打ジャスト3000本、首位打者4回、ゴールドグラブ賞12回、MVP1回という超一流選手。亡くなってから何十年経っても故郷のプエルトリコでは英雄だ。

クレメンテの生涯は劇的としか言いようがない。3000本目の安打を打ったのが1972年9月30日で、そのまま1972年のシーズンを終えた。ところが、その年の大晦日(おおみそか)に突然亡くなってしまったのだ。……クレメンテは慈善活動に熱心な男だった。そして1972年大晦日、ニカラグアの大地震で被災した人々に救援物資を自ら届けるために乗り込んだ飛行機が墜落して亡くなった。まるで、こんな素晴らしい男を地上に置いておくのはもったいないと考えた神に召されたように。

　ではここで、神に召されたクレメンテらしい話を2つ。

　1つ目。クレメンテが3000本目の安打を打ったのは9月30日だが、その前日の9月29日の試合でトンデモナイことが起こっている。3000本安打まであと1安打のクレメンテは、高く跳ねるゴロを投手の前に打った。ボールはジャンプした投手には捕られず、数回ゆっくりバウンドして二塁手の前に転がった。二塁手はボールをはじいてしまった。で、クレメンテは一塁に無事に到達したが、二塁手が捕っていてもセーフになった可能性がある。こういう場合、安打にするのか二塁手のエラーにするのか判定が難しい。公式記録員はエラーと決断した。ところが、スコアボードには安打と表示されてしまった。で、観衆は3000本安打達成と大興奮。もちろん、最終的には公式記録員が決めたエラーということになったが、もしこれが安打ということになっていたら、クレメンテは翌日の試合の安打と合わせて3001安打で生涯を終えた可能性がある。そんな、神に召される男にはふさわしくないキリの悪い記録にならなくてホントに良かった。……でも、この安打かエラーかの大騒ぎは、クレメンテを召す前に神が仕組んだ巧妙な悪戯（いたずら）だったんじゃないかと思いたくもなる。

２つ目は、クレメンテが言い残した言葉。神に召された男にふさわしく、人生全般に通じる至言だ。「どうしてみんな終わったことについて話すんだ。考えなきゃいけないのは明日の試合のことだろう」

コカ・コーラ社の重役の〝誤解〟

２００８年、米国をユニークな視点で捉えた素晴らしい本が出た。生島淳著『大国アメリカはスポーツで動く』（新潮社）。この本にエラク刺激されたので、私も米国社会におけるスポーツについてチョット触れておきたい。

１９８５年、コカ・コーラ社は１００年ものあいだ常に同じだったコカ・コーラの味を突然変えた。業績の伸び悩みを打開するためだ。ところが、米国のシンボルであるコカ・コーラの味を変えたりするなという抗議の電話や手紙が殺到。マスコミも大騒ぎ。で、以前の味のコカ・コーラ復活が決定されることになる。

この顚末(てんまつ)を詳細に描いた本がある。トマス・オリヴァー著『コカ・コーラの英断と誤算』（１９８６年、早川書房、訳・仙名紀）。この本に実に興味深い逸話が載っている。

当時、コカ・コーラ社の重役の中には米国に移住して間もない者がけっこういた（最高経営責任者からして移民1代目だった）。そうした重役の1人が、ジャーナリストから「コカ・コーラは野球と同じくらい米国的なものに手をつけるのか」と訊かれ、「フットボールじゃないんですか」と訊き返した。重役に同行していた広報マンは、米国人が本当に好んでやまないスポーツを〝誤解〟している重役の発言に仰天し、焦った。ジャーナリストは、やっぱり〝外国人〟は米国のことがわかってないからコカ・コーラの味を変えたりするんだと納得したようだ。

さて。この逸話を私はどう思っているか。まず、野球を大袈裟に考えすぎていると思う。そして、重役の発言を大変な〝誤解〟と考える米国人は寛容さが足りないと思う。米国はもともと移民で成り立っている国ではないか。そして、野球の王座決定戦のワールドシリーズよりもフットボールの王座決定戦のスーパーボウルに熱狂する米国人は大勢いる。で、重役の発言はニヤッと笑ってオシマイにしてあげればイイことだ。

ここで、ユーモア精神旺盛な米国人がコカ・コーラ事件より前に書いた文章を紹介しておこう。アート・バックウォルド著『そしてだれも笑わなくなった』（１９８０年、文藝春秋、訳・永井淳）からの引用。かつては自明の理だったのにもはや通用しなくなったことのリストを書いているのだが、その中にこういうのがある。〝野球は国民的スポーツである〟。そういえば、このリストにはこういうのもある。〝社会保障があるから65歳以後の生活は心配ない〟。……これって、今の日本を予言しているみたいで怖いですねぇ。

コツコツ働き、真面目に走り

大リーグで通算安打３０００本を達成した男は33人、通算本塁打５００本を達成した男は28

人（2024年時点）。どちらかを達成すれば「野球の殿堂」入り間違いなしと言われる。では、両方とも達成した凄い男はいるのか。いる。7人。

その代表格はハンク・アーロン。長い大リーグの歴史で、3000本安打と500本塁打の両方ともを達成した最初の男だし。でも、それだけではない。アーロンが残した記録は半端じゃないのだ。安打数（3771本）は大リーグ史上第3位。本塁打数（755本）はベーブ・ルースを抜いて第2位（第1位のバリー・ボンズは薬物疑惑プンプンだから、ホントの第1位はアーロンだと私は思う）。アーロンの安打数も本塁打数も、3000本安打と500本塁打の両方を達成した7人の中でダントツのトップなのだ。ちなみに、ベーブ・ルースとバリー・ボンズは3000本安打を達成していない。

そんなアーロンなのに、年間安打が200本を超えたのは3回だけ。年間本塁打が50本を超えたことなど一度もなし。本塁打王になったのは4回だけ。……ベーブ・ルースは年間本塁打50本以上が4回。本塁打王は12回。それでも通算本塁打数ではアーロンに抜かれたのだ。

アーロンはコツコツと仕事をしていく男だった。自分をホームランバッターと考えたことなどなかった。バットでボールを強く打つことだけを心がけた。特にチームを勝利に導くためにランナーがいるときにはそうした。で、アーロンの通算打点2297は大リーグ史上第1位だ。

これで、アーロンの凄さはわかって頂けるだろう。でも、アーロンの本当の凄さをわかって頂くために、もう1つ言っておきたいことがある。とっても大事なことだ。

実は、アーロンは打った後はいつも一塁に向かって生真面目に走ったのだ。本塁打を打ったときでさえ、派手なポーズをとるなんてことは一切せずに生真面目に一塁に向かって走った。きちんと一塁ベースを踏むことが大事だからだ。アーロン自身がこう言っている。「おかしなことに、自分では一度もホームランを見てないんだ。……ホームランを打ったときは、一塁ベースを踏むことに全神経を集中してるんで、ボールの行方など見る余裕はないんだよ」(アイラ・バーカウ著『ヒーローたちのシーズン』、1990年、河出書房新社、訳・新庄哲夫)。

こういう男こそ真の栄光に最もふさわしいと私は思うけど。

「メンドーザ・ライン」の哀歌

私は米国の「メンドーザ・ライン」という音楽バンドのCDを2枚持っている。かなり前に買ったものだ。でも、私はこのバンドのファンというわけではない。名前に惹かれてCDを買ってみただけ。このバンドの名前は、大リーグの有名な言葉を借用したものなのだ。

1970年代から80年代にかけて3球団を渡り歩いたマリオ・メンドーザという大リーガーがいた。内野手で、主に遊撃手を務めた。守備は普通のレベルだったが、打撃がひどかった。大リーグ在籍9年間の通算打率が、たったの2割1分5厘。打率が1割台だった年も5回ある。で、大リーガーたちは、新聞のスポーツ欄に載る打率成績表でメンドーザの下に自分の名前が書かれると恥ずかしいと思うようになった。つまり、メンドーザの打率は打者として下回ってはならない最低ラインとみなされるようになったわけだ。さらに、メンドーザの通算打率2割1分5厘は、どんなに守備が上手い野手でもとりあえず超えてくれないと困る打率最低ラインと考えられるようにもなった。こうして、打率最低ラインは〝メンドーザ・ライン〟と呼ばれるようになったわけだ。

　ところで。２００６年から０９年までシアトル・マリナーズで捕手としてプレーした城島健司。２００６年は打率2割9分1厘、０７年は2割8分7厘。捕手としては立派な打撃成績だった。ところが大リーグ3年目の０８年は打撃不振のスタートを切り、打率2割を下回ったり、ちょっと上回るだけで、まさに〝メンドーザ・ライン〟を行ったり来たりしている感じだった。でも、いつか調子を取り戻すと私は信じていた。ところが、マリナーズの首脳陣はそうなる前に城島をスタメン捕手として扱わなくなった。頭に来た私は、1人で叫んでいた。「ナンデそんなことすんだよ！　城島の去年までの2年間の実績を忘れたのかよ！　城島がこのまま終わるわきゃないだろうが！」。

　結局、首脳陣から信頼されないままシーズンを終えた感じの城島だったが、打率は2割2分7厘まで上げ、〝メンドーザ・ライン〟は何とか超えることができた。

　私にしてみれば、マリナーズの首脳陣が城島を信じなかったなんて不思議だった。で、首脳陣に伝えたかった。「メンドーザ・ライン」のヤケに哀しい曲『最終回』の歌詞の一節だ。〝オレたちが話し合ったりはしないけど不思議に思ってることには答えろよ〟。

名探偵が調べているので……

２００９年1月22日、１人の元大リーガーが亡くなった。その死を米国のメディアがすぐに報じ、日本の多くのメディアもそれにならって報じていた。こんなふうに。〝存命の元大リーガーとしては最高齢だったビリー・ワーバー氏が、老衰のために１００歳でノースカロライナ州シャーロットで死去した。氏はアメリカン・リーグの盗塁王に３回なり、ニューヨーク・ヤンキース在籍時にはベーブ・ルースやルー・ゲーリッグとともにプレーしたこともある〟。

私はこの報道に接し、感無量となった。でも、ビリー・ワーバーの足跡を思い出して感無量となったわけではない。では、私は何に感無量となったのか？　それを言う前に指摘しておきたいことがある。

たった1日でも大リーグに在籍すれば元大リーガーだ。ということは、メチャクチャ大勢の元大リーガーがいることになる。そして、大勢の元大リーガーはダダッ広い米国のアッチャコッチャに散らばっている。しかも、米国人は居住地をヤケに変えることが多い。さらに、米国には日本のきちんとした戸籍制度のようなものはない。で、ここで当然、疑問が湧いてくる。もっと高齢の元大リーガーが人知れずどこかで生きている可能性もあるんじゃないのか？　どうしてビリー・ワーバーが存命の元大リーガーとして最高齢だったなんて断定できるのか？

でも、断定しちゃってもイイようなのだ。実は、ビリー・ワーバーの訃報に接し私はすぐに或る男性のことを思い出して感無量となった。その男性のことを知れば、皆さんも断定してイイと思うようになるし、感無量にもなるかもしれない。

その男性は、アイラ・バーカウ著『ヒーローたちのシーズン』（１９９０年、河出書房新社、訳・新庄哲夫）に収められた『野球界のシャーロック・ホームズ』と題されたコラムで紹介されている、ビル・ヘイバーという人。この人の趣味は、行方不明の元大リーガーの追跡調査なのだ。そして、３００人近くについて突き止めている。死亡していた元大リーガーについては、いつどこで死んだかまで突き止めている。このコラムが書かれた時点では、まだ行方不明の元大リーガーがいた。で、この人は追跡調査を続けているとのことだった。凄い情熱を傾けて。

こういう奇特な人がいるのを知ると感無量になってきませんか。なりますよね。今はもう、すべての元大リーガーの行方、生死は判明しているんですよ。……たぶん。

野球が上手い俳優、下手な俳優

米国の野球映画では野球が下手な俳優を起用するもんだから観ているほうとしてはたまんないことが多い。でもケビン・コスナーだけは超例外的に野球が上手く、野球映画に出演しても実にサマになっている。こうしたことを私は色々なところで書いたり喋ったりしている。

で、私に質問してくる人が多い。野球が下手な俳優を起用しているので観ているほうとしてはたまんない野球映画の実例を教えてくれとか、ケビン・コスナーの他にも野球が上手い米国俳優を教えてくれ、と。

ここで、一括して答えておきます。でも、すべての例をあげていたらキリがないので、代表的な例だけ。それから、これから書くことは私の個人的意見・好みにすぎないのだから絶対に怒らないで欲しい。お願いですよ。

まず、『ナチュラル』（１９８４年）。この映画を「野球映画の傑作」と言う人が多いけど、私はまるっきり評価していない。原作小説と比べても呆れるほど劣る。さて、この映画ではロバート・レッドフォードが主人公のプロ野球選手を演じている。レッドフォードは若い頃に野球をかなりやっているのでホントは野球が上手いはずだし、この映画に出演する際には元大リーガーのフランク・シェイから指導も受けている。でも、まるでサマになってない。観ていてたまんない。さらに、主人公の少年時代を演じる子役がヤケに野球が上手いので、レッドフォードのダメなところが一層際立っちゃってます。

次に、傑作野球コメディ『メジャーリーグ』（１９８９年）。この映画で投手役を演じているチャーリー・シーンは高校時代に野球チームで投手だっただけあって、投球フォームが実にサマになってるし、球速も凄い（ひょっとすると１４０キロ近いかも）。

ちなみに、チャーリー・シーンは『メジャーリーグ』が公開されてから20年経っても『メジャーリーグ』の役柄で米国のテレビコマーシャルに登場していたくらいです。

ここまで書いてきたことは大リーグ通や映画通の方々ならご存じかもしれない。で、これでオシマイでは私のプライド（?）が許さない。1つくらいは意表をつく例をあげておかなくっちゃ。アカデミー主演男優賞2回受賞という演技派俳優、ジャック・ニコルソン。野球とは関係ない映画『シャイニング』（1980年）で、壁に向かってボールを投げつけるチョットした場面があるが、その姿だけで、ニコルソンは野球が上手いことが私にはわかる。

米国ユーモア精神の限界

米国は堅苦しいことにこだわらないユーモア精神に富んだ国だと言う人が多い。でも、米国ってホントにそういう国なんだろうか？　今回は、この問題について考えてみたい。大リーガーの名前を通して。

まず、ドク・ホワイト。1904年に5試合連続完封勝利という快挙を成し遂げた投手だ。このドク・ホワイトのファーストネーム、ドクは本名ではない（本名はガイ）。ドクはニックネームにすぎないのだ。歯学部を卒業していたから付いたニックネーム。つまり、歯科の医師（ドクター）を縮めてドク。皆がドクと呼ぶので、いつのまにやらそれが普通になり、大リーグの記録上もファーストネームはドクでオーケーということになってしまった。

次は、ベーブ・ルース。この超偉大な選手のファーストネーム、ベーブもニックネーム（どうしてベーブというニックネームになったのかについては諸説あるので省略）。ホントのファーストネームはジョージ。でも、大リーグの記録上もベーブでオーケーとなってしまった。

次は、選手としてよりも監督として歴史に名を残しているケーシー・ステンゲル。ホントのファーストネームはチャールズ。でも、出身地がカンザスシティ（Kansas City）なので、その頭文字KとCでケーシー。これだけでも凄いのに、わざわざCaseyというスペルにしているのだから超凄い（どうしてそうしたのかを説明していると長くなるので省略）。もちろん、大リーグの記録上もファーストネームはケーシー（Casey）でオーケー。

チッパー・ジョーンズのファーストネームも凄い。ホントはチッパーではなくラリー。チッパーというのは、親にそっくりな男の子のことを表現する長い英語を短くしたもの。子供の頃からチッパーと皆に呼ばれていたので、大リーグの記録上もファーストネームはチッパーでオーケーになってしまった。

こうした例は他にも沢山ある。そして、こうした例だけを見ていると、たしかに米国は堅苦しいことにこだわらないユーモア精神に富んだ国だと思わせる。でも、そうとも言い切れない例があるのだ。イチロー。私にとってイチローはあくまでもイチローだ。ところが、大リーグの記録上はあくまでもイチロー・スズキときている。……人の名前には姓がないとダメなんて堅苦しいこと言うなんて、米国のユーモア精神にも限界がありますね。

『十二人の怒れる男』

米国映画『十二人の怒れる男』（１９５７年）は70年ほど前に製作された古い映画だが、今でも傑作と言う人が多い。ちなみに、私の個人的な米国映画ランキングでは第3位。まずは、内容を簡単に紹介しておこう。

この映画は、スラム街で起こった殺人事件の被告となった黒人少年が有罪か無罪かを12人の陪審員（全員男性）が陪審員室で議論して決めるというもの。裁判審理での証言や証拠から被告が有罪であることは間違いないようなので、すぐに陪審員12人が全員一致で被告の有罪を決定できると思いきや、1人の陪審員だけが被告は無罪なのではないかと言い出す。残りの11人は啞然呆然（あぜんぼうぜん）。被告が無罪だなんて信じられないからだ。でもここから、証言や証拠の信憑性（しんぴょうせい）について白熱の議論が展開されることになる。そして最後は、ナント、陪審員12人が全員一致で被告は無罪と決定する。

この映画を観た多くの方々が言う。「証言や証拠は慎重に扱わなければいけないことが良くわかる」と。ところが、そういう方々に私が「では、この映画の舞台となっている都市はどこでしょう？」という基本的な質問をすると、ほとんどの方が答えられない。

正解はニューヨーク。映画が始まってじきに、陪審員室の窓からウールワースビルが見えるという会話があるんですから。このビルはニューヨークの超有名なビルです。ニューヨークのビルの名前なんかイチイチ憶えてられない？　でも、そういう人にだって手がかりはチャント用意されているんです。1人の陪審員がニューヨーク・ヤンキースの試合のチケットを持っていて、ヤンキースのファンであることを口にしているんだから、舞台はニューヨークに決まってるじゃないですか。

　おわかりですね、大リーグに興味を持っていれば、この映画の舞台がどこかという簡単な質問には答えられるんです。

　ところで。この素晴らしい映画にもチョット気になることがある。

ニューヨーク・ヤンキースの試合のチケットを持っている陪審員（陪審員7番）は陪審員室に入ってからチケットを他の陪審員の前で見せびらかし、議論なんか早く終わらせて試合を観に行きたいと言う。そして、チケットをポケットにしまう。そのまま映画はドンドン進行。さて、長い議論に飽きた陪審員7番は、自分の意見を理由もなく突然コロッと変えてしまう。このイイ加減な態度に怒った陪審員11番が7番に詰め寄る。「野球のチケットをポケットに持っているあんたの頭の中には野球の試合のことしかなかったんだろう」と。なかなか迫力のある場面だ。でも、11番のこの科白には問題がある。7番がポケットにチケットを持っていることを11番は知らないはずだからだ。7番がチケットを他の陪審員の前で見せびらかしてポケットにしまったとき、11番は陪審員室の隣のトイレに行っていたのだ。トイレでは陪審員室の会話は聞こえないようになっている。

　さらに細かいことを言うと、7番が見せびらかしたチケットは1枚ではなく複数枚だ（たぶん2枚）。11番はその場にはいなかったくせに、7番に詰め寄るときには妙に正確に複数のチケット（tickets）と言っている。

大リーグの試合のチケットのことも裁判の証言や証拠と同じように慎重に扱って欲しかったですよ。特にヤンキース戦のチケットは。だって、ヤンキース戦のチケットの値段は高いんだから。

大学で教育を受ける意味

丹羽政善著『ＭＬＢイングリッシュ　メジャーリーグを英語のまま楽しむ！』（ジャパンタイムズ）。著者はシアトル在住のジャーナリストで、米国のスポーツを精力的に取材している。今は、インターネットを利用すれば大リーグの話題や情報を現地からふんだんに入手できる。大リーグのテレビ中継を副音声にすれば現地の実況を聞くこともできる。でも、そうするためには英語の壁を乗り越えないとダメ。そこで、この本。素晴らしい指南書なのだ。大リーグに関する基本的英単語を教えてくれたあと、実際のニュース記事の解説もしてくれるし、テレビ中継の見方も丁寧に教えてくれるし、選手へのインタビューの実例も示してくれる。さらに、随所に大リーグの名言まで載せてくれていて嬉しい。

ここで、著者が紹介している名言の中から、「ヨギイズム」について。

１９５０年代のニューヨーク・ヤンキース黄金時代、ヨギ・ベラという選手がいた。名捕手として球史に残るが、数多くの名言を吐いたことでも球史に残る。その名言は含蓄に富んでいるようでいて、実は当たり前のことにすぎなかったり、何の意味もなかったり、単に言葉遣いの間違いだったりする。でも、面白い。で、ヨギ・ベラ語録は「ヨギイズム」と名付けられ、語り継がれている。

幾つか具体例を。「(試合が) 終わるまで、(試合は) 終わらない」(何となく含蓄ありそうだけど、当たり前の極み)。「ピザは四つに切ってくれ。六つは食べられない」(このナンセンスってたまんないですね)。「もしファンが球場に来ないなら、それを止めることはできない」(言いたいことはわかるけど、言葉の使い方がチョット違うんですよね)。

ところで、こうしたヨギ・ベラ語録を中心にした『THE YOGI BOOK』(WORKMAN PUBLISHING) という英語本がある。チョットばかり気になる発言が載った本だ。

その発言とは、通算奪三振5714という大リーグ記録を持つ名投手ノーラン・ライアンがヨギ・ベラについて語ったもの。「もしヨギが大学に行っていたら、もっとわかりやすく話すようになったろうけど、もっと面白く話すということにはならなかったろうね」。

大学で学ぶと話がわかりやすくなるだけで面白くはならないなんて問題ですよ。大学で学んだら、それなりに面白く話せるようにならなくっちゃ。そうでなきゃ、大学教育の意味がないですもん。……そんなことないですかね。

『1Q84』を読んでいなくても

僕は思うのだけれど、大リーグを〝ダイリーグ〟と書くと面白い。

シャーロック・ホームズの熱狂的ファンを〝シャーロキアン〟と呼びます。村上春樹の熱狂的愛読者を〝ハルキスト〟と呼びます。僕は大リーグの熱狂的ファンを〝ダイリーギアン〟と呼ぶことを提唱したいわけです。大リーギアンや大リーギストではなんとなく落ち着かないし、メジャーリーギアンやメジャーリーギストではちょっと長すぎます。いかがでしょう。僕はハルキストでダイリーギアンでイチリスト（僕が考えたイチローの熱狂的ファンを意味する言葉）ということになるのだけれど。

僕はこういう言葉遊びがわりに好きです。けっこうなごみます。しかしまあそれはそれとして、村上春樹の『1Q84』（2009年、新潮社）が出版されたとき僕は忙しくて読むことができなかった。困ったもんだ。ぶつぶつ。でも、僕はハルキストなので、タイトルだけで内容はだいたい察しがついたんです。『1Q84』は1984年はどんな年だったのかと質問している本でしょう。QはQuestion（質問）のQで、9と語呂合わせをした言葉遊び。

僕は思うのだけれど、1984年といえば大リーグでドワイト・グッデンという投手が登場した年ということになります。19歳の新人なのに、豪速球とカーブでどんどんストライクをとって、どんどん三振を奪ったんです。登板した試合がすべて9インニングで終わった連続3試合で合計奪三振43という大リーグ新記録を達成するわ、史上最年少でオールスター・ゲームに出場して3者連続三振を奪うわ、新人最多記録の年間奪三振276を達成して10代の新人では史上初めて両リーグ全体で奪三振トップにもなったんです。

ところで、僕の友人の中にダイリーギアンではないけどハルキストという男性がいるのだけれど、その友人が僕に向かって言いやがるんだ。「『1Q84』は1984年の現実の世界と現実とは違う世界、つまり複数の世界を描いた小説で、ドワイト・グッデンとは何の関係もない」。これだからダイリーギアンではない人は困るんだ。ドワイト・グッデンだって複数の世界で生きていたんだぜ。野球界で活躍しながら、暗い麻薬の世界にもハマってたんだ。

僕は思うのだけれど、タイトルだけで本の内容にまで迫ることができる僕は超一流のハルキストなのかもしれない。どうなんだろうね。

何か意味があるとしたら……

日本プロ野球では年間打率4割を達成した選手は1人もいない。一方、大リーグでは8人が計13回達成している（20世紀以降の近代大リーグ）。でも、1941年にテッド・ウィリアムズが4割6厘という成績を残して以来、誰も達成していない。

大リーグのファンはいつも、新たな4割打者の誕生を待ち望んでいる。で、その可能性がありそうな選手が登場すると大騒ぎすることになる。結局は失望することになるんだけど。たとえば、1977年のロッド・カルー、1980年のジョージ・ブレット、1994年のトニー・グウィン、2008年のチッパー・ジョーンズ、2009年のジョー・マウアー……。

では、どうして新たな4割打者はなかなか誕生しないのか？　色々な説がある。選手の給料が上がったのでハングリー精神がなくなった、多彩な変化球に対応しなければならなくなった……。でも、一番有名なのは進化生物学者の故スティーヴン・ジェイ・グールドが提唱したものだろう。その説をここで簡単に紹介するなんてことはしたくない。概略を伝えてオシマイではあまりにもったいない説だからだ。グールドが『フルハウス 生命の全容―四割打者の絶滅と進化の逆説』（ハヤカワ文庫ＮＦ、訳・渡辺政隆）に詳しく書いているのでぜひ読んでみてください。意表を突く素晴らしい考察に感動するし、地球上の生物進化についても考えざるをえなくなりますから。

さて。そのグールドが指摘していない事実がある。いや、グールドだけではなく誰も指摘したことがないかもしれない事実（もし指摘している方がいらっしゃったらお詫びします）。大リーグでは打率４割を８人が計13回達成しているが、リーグ優勝した球団から４割打者が誕生したことは一度もないのだ。言い換えると、その年に優勝しなかった球団からしか４割打者は誕生していない。この事実には何の意味もないかもしれない。世の中には意味がありそうでホントは何の意味もないということがけっこうあるから。でも、この事実にもし何か意味があるとしたら、それは……皆さんご自身でジックリ考えてみてください。

ハイゼンベルク暗殺計画

ロバート・オッペンハイマー。第２次世界大戦中に米国で原子爆弾開発のリーダーを務めて成功を収めたが、戦後は核兵器反対を唱えたことも一因で悲劇的な人生を送った物理学者だ。このオッペンハイマーの素晴らしい伝記がある。1人の男の人生を描きつつ、米国社会、いや、人間社会の限界をも見事に描いた本だ。カイ・バード、マーティン・シャーウィン共著『オッペンハイマー「原爆の父」と呼ばれた男の栄光と悲劇』(上下巻、2007年、PHP研究所、訳・河邉俊彦)。……この本は、2023年に米国で公開され日本では2024年に公開されて評判となった米国映画『オッペンハイマー』の原作。

ところで。米国は第2次世界大戦の最中、ドイツが先に原子爆弾の開発に成功するのではないかと心配し、ドイツで原子爆弾開発の指導的役割を果たしていると思われる人物の誘拐・暗殺を計画した。量子力学の歴史に燦然(さんぜん)と輝く不確定性原理を導いたことで有名で、ノーベル物理学賞も受賞していたヴェルナー・ハイゼンベルクの誘拐・暗殺だ。そして、ハイゼンベルクが所用でドイツを離れてスイスに出向くことを察知し、計画遂行の機会到来とばかりに行動を開始した。

オッペンハイマーの素晴らしい伝記も、この件について触れている。オッペンハイマーもこの計画の存在を知っていたからだ。でも、計画遂行のためにスイスに送り込まれたスパイについては実にアッサリと触れているだけだ。《モウ・バーグをスイスに送った。元野球選手のモウ・バーグは、1944年12月にこのドイツ物理学者を尾行したが、最終的に暗殺はしないことになった》と。

バーグは元大リーガーだった。そして、ハイゼンベルクを暗殺するためにスイスに送り込まれたスパイだったことで有名だ。もし、ハイゼンベルクを暗殺していたら、もっと有名になっていただろうし、オッペンハイマーの素晴らしい伝記もバーグについて少しは考察を加えただろう。でも私は、バーグはハイゼンベルクを暗殺しなかったからこそ考察に値する男になったのだと思っている。

バーグの生涯について実に綿密な調査と取材をした傑作伝記がある。ニコラス・ダウィドフ著『「大リーガー」はスパイだった　モー・バーグの謎の生涯』（１９９５年、平凡社、訳・鈴木主税）。

……バーグは頭脳優秀だった。名門のプリンストン大学で言語学を学び、半端な数ではない外国語に堪能となった。野球も上手かったバーグは大学を卒業してから大リーガーとして15年ほど過ごしたが、その間に弁護士資格も取得した。シーズンオフに一流弁護士事務所で働いたこともある。でも、大リーガーとしては一流になれなかった。野球界から引退後、情報機関のスパイとなった。１９４４年12月、スイスに送り込まれたバーグはハイゼンベルクの講演を聴いた。その後、ポケットに銃を忍ばせたバーグはハイゼンベルクと二人だけで夜道を歩きながら会話も交わした。銃を撃つならそのときだった。でも、撃たなかった。ハイゼンベルクは原子爆弾をつくる準備を進めていないようだから殺す必要はないと判断したのだ。戦後、バーグは定職に就かず、知人たちの好意に甘えたような生活を25年間も続け、１９７２年に70歳でこの世を去った。

さて。バーグは多くの言語に堪能で、弁護士資格も持ち、野球も上手かったのだから、何か1つに的を絞って人生を送れば良かったのにと思う人がいるかもしれない。知人たちの好意に甘えたような戦後の姿は惨めと言う人もいるかもしれない。でも、バーグの人生には大いに誇ってイイことがあると私は思う。ハイゼンベルクを殺さなかったことだ。

世の中では、何を成し遂げたかが重要視されることが多い。でも、何をしなかったかが重要な場合だってある。もしバーグが判断を間違えて、もしくは功名心に駆られてハイゼンベルクを殺していたら、バーグだけではなく米国も激しく糾弾されることになっただろう。

第2次世界大戦時、ドイツには原子爆弾を完成する力などなかった。1944年12月の時点で第2次世界大戦の勝負は既についたも同然だった。

偉大な男の悲しい裏切り

イチローは10年連続200本安打という大リーグ新記録を樹立したが、連続性を問わなければ年間200本安打を10回達成した男がもう1人いる。ピート・ローズ（2024年没。享年83）。通算安打4256本という大リーグ記録を樹立した偉大な男だ。ところが、ピート・ローズは大きな問題を抱えていたことでも広く知られている。

1989年にローズは野球賭博（とばく）をしていたことで野球界から永久追放となったのだ。ローズ自身は野球賭博に直接関わっていたことをハッキリとは認めなかったけど。でも、それから15年も経った２００４年、ローズはやっと自分が野球賭博をしていたことをハッキリと認めた。結局、ローズは二重の意味で多くの人を裏切ることになってしまったのだ。野球賭博をしていたこと、その過ちを長い間認めなかったこと。

私はローズの裏切りについて考えるとき、すぐに2人の人物を思い浮かべる。まず、トミー・ホームズ。20世紀以降の近代大リーグではナショナル・リーグの最高記録となる37試合連続安打を１９４５年に達成した人物だ。この記録をローズが１９７８年7月25日にホームズが見ている前で破った。そのとき、ホームズはこう言ってローズを讃えた。「私の記録をローズのような選手が破ったことを嬉しく思う」。ホームズは２００８年に亡くなった。つまり、ローズの二重の裏切りをすべて知ってから亡くなったのだ。

次はスパーキー・アンダーソン。大リーグの名監督だったことで有名な人物だ。１９７０年代の最強球団はシンシナティ・レッズと言われたが、その中心選手はローズ、監督はアンダーソンだった。ローズの野球賭博が取り沙汰されたとき、アンダーソンはローズを懸命に擁護し続けた。ローズの野球賭博はハッキリと証明されてはいないのだから、と。アンダーソンは２０１０年に亡くなった。アンダーソンもローズの二重の裏切りをすべて知ってから亡くなったのだ。

誰だって過ちを犯す。重要なことは、その過ちをすぐに認めることだ。ローズはそれができなかった。そして、偉大な記録を残した先輩と、恩師とも言うべき名監督を裏切ってしまった。あまりに悲しい裏切りだ。

回顧録で触れて欲しかったこと

大リーグ機構のトップとして君臨し、最高レベルの意思決定を行うのがコミッショナー。大変な責任を負う職で、その言動は常に多くの米国民から注目されている。見事な手腕を発揮すれば称賛されるが、失敗すればケチョンケチョンに言われる。で、大統領のミニチュア版みたいなものと言ってもイイかもしれない。

バド・セリグ。１９９８年から２０１５年まで第９代コミッショナーを務めた男だ。コミッショナー引退後は執筆活動を行うことを検討していると報道されたことがある。で、私は期待していた。その報道がホントならセリグは引退して回顧録を書くかもしれない、と。引退後に回顧録を書いたコミッショナーは以前にもいたし。私は、ぜひともセリグに回顧録を書いて欲しかった。在任中に世間を大騒ぎさせたステロイド問題について詳しく書けば読み応えのある回顧録になるはずだし、〝あのこと〟についても詳しく書けば尚更……。

元大統領ジョージ・ブッシュ（子ブッシュ）は若い頃、大統領になりたいなどとは微塵も思っていなかった。大リーグのコミッショナーになるのが夢だったのだ。ブッシュは大統領を目指す前には大リーグ球団テキサス・レンジャーズの共同オーナーだったこともあるが、そのオーナー時代に実際にコミッショナーの座を狙って失敗したらしい。米国映画『ブッシュ』（2008年、監督・オリバー・ストーン）では、ブッシュ役の俳優がこんな科白を言っているのだ。「コミッショナーになれると信じた僕がバカだった。セリグは自分がなるために僕を利用したんだ」。これって、衝撃的な科白ですよね。でも、この科白はホントのことを語っているんですかね。もしホントなら、セリグとブッシュの間で具体的に何があったんですかね。セリグには回顧録でこの件について詳しく書いて欲しいと私は思っていたわけです。そう思うのって私だけじゃないですよね？

ところで。ブッシュはコミッショナーになっていたら若い頃からの夢を実現させたわけだから、さらに大統領まで目指すことはなかった可能性が高い。ということは、あの科白がホントなら、ブッシュが大統領になったのはセリグのせいということにもなる。ということは、世界が今のような状況にある原因はセリグにもあるということになる。セリグはそうした自覚も持って回顧録を書くべきだろう。……チョット言い過ぎか。

セリグは2019年に回顧録を世に出した（日本語訳はない）。私は読んでいないが、ブッシュとの〝あのこと〟には触れていないようだ。触れていたら世界に向けて報じられるだろう。

第2章

〝最後の4割打者〟の人間性

私が敬愛する米国人

米国映画『フィールド・オブ・ドリームス』(1989年)。この映画の題材は野球ということに一応なっている。しかし、観る者に野球という限られた分野だけではなく人生についても深く考えさせる。実際に観て、私と同じ意見を言う人が多い。野球についてあまり詳しくないのに感動したと言う人も多い。

ところで。この映画には原作小説がある。W・P・キンセラ著『シューレス・ジョー』(1985年、文藝春秋、訳・永井淳)。ちなみに、この小説には著名な作家J・D・サリンジャーが実名で、そして重要な役として登場している(映画ではプライバシー問題のためか別人に変えられているけど)。

さて。この小説の中に映画ではまったく触れられなかった文章がある。《なぜかぼくは、野球の殿堂からかつてプロ野球機構に在籍したすべての選手に送られた書類のおしまいの質問を思いだす。「もう一度人生をやりなおすとしたら、またプロ野球をやりますか?」》。この文章には続きがあるが、それを紹介する前に「野球の殿堂」はニューヨーク州のクーパーズタウンにあることを知っておいて頂きたい。では、文章の続き。《クーパーズタウンの資料室長、クリフォード・S・カクラインは、この質問にノーと答えた元選手はただの一人も記憶にないといっていた。果たしてほかの職業でも同じことがいえるだろうか?》。

私は、この文章の2カ所がチョットに気になる。〝この質問にノーと答えた元選手はただの一人も記憶にない〟はホントなのか？　〝果たしてほかの職業でも同じことがいえるだろうか？〟だなんて、プロ野球選手はそんなに特殊な職業なのか？

私は気になることがあると、何かしらの方法を用いて必ず調べてみるというタチの男だ。では、この場合はどういう方法がイイのか？　小説の文章に出てくるクリフォード・S・カクラインに訊いてみるのが一番と私は思った。カクラインは私が昔から敬愛している米国人だ。実際に「野球の殿堂」の資料室長を務めていたし、アメリカ野球学会の創立にも関わっている。でも、私はカクラインと面識がない。ところがラッキーなことに、私の知人の中にカクラインと長年にわたって親交のある方がいた。依藤道夫さん（都留文科大学名誉教授）。カクラインのメールアドレスを依藤さんから教えて頂いた私は、カクラインに質問メールを送った。翌日、実に丁寧な返事メールが送られてきた。

「このアンケートは１９５０年代後半に私の前任者リー・アレンが始めたものです。アンケートの主目的は元選手たちの誕生日、出生地、身長、体重、国籍などを正確に知ることでした。問題の最後の質問については、おそらくアレンはほとんどすべての元選手たちがノーとは答えないことを知っていたのでしょう」。つまり、ノーと答えた元選手はホントにいなかったようだ。

返事メールは続く。

「しかしアレンは、もしノーと答える選手がいれば興味深い物語を提供してくれることになると思っていたのでしょう。大リーガーというのは素晴らしい職業です。しかし、同じように素晴らしい職業は他にもあると思います。そういう職業についている方々は、生まれ変わっても同じ職業に就きたいかと訊かれたら、ノーとは答えないのではないでしょうか。キンセラの小説『シューレス・ジョー』は〝良い読物〟です。野球の本当のファンである方々すべてに読んで欲しいと思っています」。

言わずもがなだが、私のカクラインに対する敬愛の念は一層強くなった。でも、メールの内容はこれだけではなかった……。

カクラインという人物の経歴をまだ紹介していなかったので、まずはそれを簡単に。1942年、米国独立宣言が行われたことでも有名なペンシルベニア州フィラデルフィアからチョット離れた、生まれ故郷の小さな街でスポーツ担当の新聞記者となった。翌年、ミズーリ州セントルイスに移り、〝野球のバイブル〟としばしば呼ばれる『The Sporting News』の編集スタッフとして約24年間を過ごす。その後、約2年間、大リーグ球団のオーナーたちがスポンサーとなって新たに創設されたプロサッカー・リーグのために働く。そして1969年、大リーグのコミッショナー事務局から推挙されて「野球の殿堂」の歴史家となり、1982年まで勤務。さらに、米国野球学会（通称SABR）の初代会長を3年間務め、引退。

これで、スポーツの熱狂的ファン、特に大リーグの熱狂的ファンにとってはカクラインは特別な人物なのだということがおわかり頂けたと思う。私が敬愛する人物であることも。

そのカクラインと私はメールのやりとりをしたわけだが、ついでに私が質問したことが１つある。〝あなたは大リーガーになりたいと思ったことがありますか？〟。カクラインはこの質問にも答えてくれたのだ。

「若い頃、大リーガーになれたら素晴らしいだろうな、と思いました。しかしすぐに、私にはその才能がないことがはっきりわかりました。……大リーガーであるということは魅力的なことです。しかし、大リーガーは献身的ともいえる努力を毎日繰り返し、家族と離れて暮らすということにも耐えなければなりません。他の分野でも立派な職業人になろうと思えば同じような努力や忍耐が必要と思いますが」。

私は子供の頃、プロ野球選手になりたいと思ったことがあるが（もちろん、私にはその才能がないことがすぐにわかったけど）、大リーガーになりたいなんて思ったことは一度もない。私が子供だった頃の日本では、そんなことは想像すらできなかったのだ。でも今の日本には、大リーガーを夢見ている子供たちが大勢いるだろう。夢見ることができる時代になっただけでも素晴らしいと私は思う。そして、そういう子供たちが実際には大リーガーになれなくても、努力と忍耐を忘れないでいて欲しいとも思う。

私がカクラインとメールのやりとりをしたのは２００９年９月。その翌年の６月にカクラインは亡くなった。享年88。

4月15日に思い出す名言

20世紀以降の近代大リーグは人種の壁を設け、黒人を閉め出していた。でも１９４７年４月15日、遂にその壁が崩れた。ジャッキー・ロビンソンという黒人選手がブルックリン・ドジャース（現在のロサンゼルス・ドジャース）の一員として試合に出場したのだ。それから50年後の１９９７年、大リーグはロビンソンの背番号42を全球団の永久欠番と決めた。さらに２００４年には、４月15日を「ジャッキー・ロビンソン・デー」と制定。

ロビンソンは大リーグの人種の壁を崩しただけではなく、米国の人種差別そのものを揺るがした男でもあった。大リーガーとして見事な活躍をして黒人に対する白人の見方を変え、引退後は公民権活動も活発に行ったのだ。でも、ロビンソンは大リーガーとしてデビューした当時、白人ファンから露骨な野次や嫌がらせを頻繁に受けた。白人選手たちからも。相手チームだけでなくチームメイトの白人選手からも。ロビンソンはそうしたことに耐えて白人の考え方を少しずつ変えていったのだ。

ここで、稀有（けう）な人物を紹介したい。１９９４年に大学を卒業するにあたって、ロビンソンのことを卒業論文のテーマにした日本人女性だ。この女性は、その後も高校教師を務めながらロビンソンの研究を続け、2009年に1冊の本を出版した。波部(はべ)優子著『背番号42 メジャー・リーグの遺産』(文芸社)。ロビンソンの生涯を中心に据えながら、米国の人種問題を平易な文章で描いた名著だ。老若男女を問わず、できるだけ多くの人に読んで欲しいと思う。

ところで、この名著が触れていない事実がある。著者である波部さんは文字数や構成の事情で触れなかったに違いないと思うけど。

選手が塁に出ているとき、次の選手が本塁打を打った場合は、塁に出ていた選手は本塁ベースで本塁打を打った選手を待ちかまえて握手をするのが普通だ。でも、黒人嫌いのチームメイトが本塁打を打ったときに塁に出ていたロビンソンは待ちかまえず、そのままベンチに向かった。黒人嫌いのチームメイトが自分に無関心を装って握手しない姿を世間に見せたくなかったからだ。

貧しい人々のために献身的活動を行ってノーベル平和賞を受賞したマザー・テレサの名言。

「愛の反対語は憎しみではなく無関心」。

そして誰もいなくなった

イチローが2001年から大リーグでプレーすることが決まったとき、大勢の人が言っていた。「イチローは大リーグで通用するのか?」。でも、私はこう言っていた。「通用するなんてもんじゃないよ。いきなり2001年に首位打者だよ。イチローにとっての問題は、ジョージ・シスラーの年間安打257本という大リーグ記録をいつ破るかだけ」。そして、イチローは2001年にアメリカン・リーグの首位打者、2004年に年間安打262本という大リーグ新記録を達成。……私の嫌味な自慢話だけど、たまには（？）このくらいのことをさせてください。

でも正直に言うと、私は心の中ではイチローが2001年に首位打者になれるかチョット心配していた。アメリカン・リーグには凄い強敵がいたから。ボストン・レッドソックスのノマー・ガルシアパーラ。なんせ、ガルシアパーラは1999年と2000年の2年連続で首位打者で、2000年は3割7分2厘という高打率を残していたのだ。

ところが、手首を故障したガルシアパーラの打撃は2001年から輝きを失ってしまった。ちなみに、第2次世界大戦後に3割7分2厘以上の打率を残した大リーガーはこれまで9人しかいない。その9人のうち8人の現役時代のプレーを私は球場でナマで見ている。……私の人生で最大の自慢なので許してください。

そのガルシアパーラが2009年を最後に現役を引退したとき、私はすぐに思った。〝手首を故障しても頑張り続けたのは立派だなぁ〟。でも、或る2つの事柄を考えると、惜しいなぁ、淋しいなぁ、という思いも私にはあった。

まず、ガルシアパーラは打席に入る前に必ず色々な仕草をチョコチョコとせわしなくすることても有名な選手だったこと。両手の手袋をいじくりまわし、手袋のバンドもいじくりまわし、足のつま先を片方ずつ地面にたたきつけ、次に……。かつても、こういうせわしない仕草を必ず行う選手はいた。たとえば、チャック・ノブロック。でも最近は、ガルシアパーラだけだったのだ。そのガルシアパーラの引退で、もう誰もいなくなった……どうでもイイ話？　たしかにそうかもしれない。

次は、ガルシアパーラの奥さん、ミア・ハムが女子サッカー史上最高の選手とさえ言われる超有名人であること。かつても、奥さんが超有名なスポーツ選手という大リーガーはいた。たとえば、超有名な女子ゴルファーのナンシー・ロペスが奥さんだったレイ・ナイト。でも、ガルシアパーラの引退で、そんな大リーガーは誰もいなくなった。……ただのミーハー話？　そうです。

どうせ賞をあげるなら

２０１０年３月、大リーグを実にユニークな視点で捉えた素晴らしい本が出た。丹羽政善著『メジャーリーグビジネスの裏側』（キネマ旬報社）。

大リーグとは一体何か？　各球団の一流の野球選手たちが華麗なプレーをしながら熾烈な優勝争いをしている？　そりゃたしかにそうだけど、それだけが大リーグと思ったら大間違い。大金が動き、大勢の人の欲が絡む、生き馬の目を抜くビジネス世界という側面もあるのだ。この本は、よくぞここまで調べたもんだというデータを駆使し、清濁さまざまな大勢の人たちの興味深いエピソードも交え、大リーグのビジネスという側面を見事に描いている。著者は滞米生活が長いスポーツジャーナリストだが、そういう人でなければ書けない本だ。……大リーグに関心がある人のみならず、米国のビジネスや起業家について学びたい人にとっては必読の書だと思う。

この本は大リーグ選手会についてもけっこう詳しく触れている。なんせ、選手たちの権利、つまり年俸アップや移籍権獲得などを巡って球団オーナーたちと丁々発止の戦いをする会だから。つまり大金が絡むビジネスの一翼を担っている会だから。この選手会に関連して、私にも言っておきたいことが1つある。

大リーグ選手会は設立当初は大した力を持たない組織だった。ところが1966年、自動車業界や鉄鋼業界での労使交渉で辣腕を発揮してきたマービン・ミラーという人物が会長になってから大変貌(だいへんぼう)し、〝世界最強の労働組合〟と言われる(もしくは揶揄(やゆ)される?)ほどの組織になった。このミラーという人物に対して選手たちは感謝しているだろうが、大リーグのコミッショナーやオーナーや監督たちはかなり頭に来ているみたい(と書いてある本を私はけっこう読んでいる)。私はどっちの味方でもないが、ミラーはえげつない方法も使って選手たちの権利を獲得した節があるようだ。

さて。大リーグには「マービン・ミラー賞」という賞がある。選手たちが投票して、どの選手に授賞するか決めるそうだが、評価項目は野球の成績だけではなく地域活動に如何に貢献したかですって。これって何だか違和感ありません？ どうせなら、大した成績も残せなかったくせに高額年俸の権利だけはチャッカリ貰っちゃった選手に授賞するのが一番イイような賞に思えるけど。……マービン・ミラーさん、そして大リーグ選手会の皆さん、ごめんなさい。これって冗談ですからね。

そんな格差をつけてイイのか？

前項では、丹羽政善著『メジャーリーグビジネスの裏側』を紹介した。〝一流の野球選手たちが懸命にプレーする裏で大金が動き、大勢の人の欲が蠢く大リーグのビジネスという側面を描いた素晴らしい本だ。で、大リーグに関心のある人のみならず、米国のビジネスや起業家について知りたいと思っている人にとっても必読の書だ〟と。でも、言い忘れたことが１つあった。日本では今、格差が問題となっているが、そうした問題について考えている人にとっても必読の書かもしれないのだ。

この本では、大リーガーの契約についても詳しく書いてくれている。球団と契約を取り交わす大リーガーの代理人の辣腕ぶりなども交えて。

さて。大リーガーと球団の契約って面白いというか、笑ってしまうというか、唖然としてしまう。だって、ただ年俸が幾らと契約するだけじゃなくて、他に驚いちゃうような付帯事項が色々とついているから。年間打席数が増すごとにボーナスが出るなんて事項もあるけど、そんなの可愛いもんだ。観客数が増すごとにボーナスをよろしくとか（あんただけが観客を球場に引き寄せてるとでも思ってんの？）、ゴルフクラブの入会金と年会費もよろしくとか（野球と何の関係があんの？）、球団が決めた体重をオーバーしなかったらボーナスをよろしくとか（こんなこと要求して恥ずかしいと思わないの？）。

でも、私が一番気になるのは、遠征先のホテルでは必ずスイートルームという付帯事項。オールスターゲームに出場するような選手はほとんどそうなってるらしいです。そりゃ、一流選手はホテルに泊まるとなりゃスイートルームに泊まりたいでしょうよ。でもね、チョット考えてみてくださいよ。いいですか、遠征先では選手たちは同じホテルに泊まるのに、部屋のランクが選手によって違っちゃうんですよ。そんなあからさまな格差をつけておいて、球団の勝利のために一丸となって戦おうなんて掛け声かけても効果あるんですかね。

この実態をリアルに知りたい方は、大リーグを扱った米国映画『ラブ・オブ・ザ・ゲーム』（1999年）を観るとイイかもしれない。大黒柱の投手は凄いスイートルームに泊まり、その投手の相方の捕手は普通の部屋に泊まってるから。そのギャップにビックリですよ。そうそう、この映画を観て、「こんな凄い部屋に泊まってるヤツがいるのか！」と怒った大リーガーがけっこういるらしいです。映画ってコワイですね。

お茶目なこと言われては困る

１９８２年に亡くなったレッド・スミス。ピュリツァー賞も受賞した著名なスポーツ・ライターだ。そのスミスの素晴らしいスポーツ・コラム集『今はなき友へ』（１９９０年、東京書籍、訳・東理夫）に、『ミルウォーキーの公爵』というタイトルのコラムが所収されている。

このコラムは、アル・シモンズという大リーガーについて書いたものだ。シモンズは、年間２００本安打を5年以上連続して達成した大リーグ史上7人しかいない選手のうちの1人で、「野球の殿堂」入りも果たしている名選手。ウィスコンシン州のミルウォーキー出身で、自分が偉大な選手であり、かつ有名人であることを知っていて、尊大な態度をとった。で、人々はシモンズのことを「ミルウォーキーの公爵」と呼んでいたわけだ。そんなシモンズにも、もがき苦しんだことが1つあった。本物の名打者の証しの1つとされる生涯通算安打３０００本をどうしても達成できなかったこと（シモンズの生涯通算安打は２９２７本）。このことに関するシモンズ自身の言葉が『ミルウォーキーの公爵』の中で紹介されている。《もし、３０００本安打までこれほど近づけると想像できていたなら、簡単に達成できただろうね。ゲームなんか何の意味もないと思ってなまけた日のことや、戦列を離れたいために仮病を使ったときのことを思うと、実際、自分の喉をかき切りたくなるよ》。

さてここで、私はゲーリー・シェフィールドのことを思い浮かべてしまう。２００４年にイチローが年間安打262本という大リーグ新記録を達成したとき、ニューヨーク・ヤンキースの選手だったシェフィールドはこう言ったのだ。「本塁打は打たずにシングルヒットだけでイイんなら、オレは毎試合でも打てるぜ」。これを耳にした私は、〝お茶目なこと言いやがる困ったヤツだなぁ〟と笑ってしまったものだ。だって、そんなこと誰にもできっこないんだから。そんなことができたら、大リーグ史上最高の記録となるだろう。

2010年、そのシェフィールドは現役続行を希望していたが、どこの大リーグ球団からもお声がかからなかった。で、2009年のシーズンを最後に現役を引退した。

ところで。シェフィールドの現役続行希望の一番の理由は生涯通算安打3000本を達成したいからだった。でも現役を続行できなかったので2689本で引退。……あんなお茶目なことを言っていたシェフィールドは今、何と言うのだろう。

歴史に永遠に名前を残す方法

自分の名前が歴史に永遠に残ることになったらメチャクチャ嬉しくありません？　でも、私たち凡人には無理ですね、そんなこと。だって、歴史に永遠に残るような素晴らしい業績をあげることなんかできっこないのはハッキリしてるんだし。ところが、そう簡単に諦める必要はないかもしれないんです、大リーグで起こったことを参考にすると。

大リーグでは、それほど大した業績をあげたわけでもないのに歴史に永遠に名前が残ることになってしまった男がけっこういるんです。そういう大リーガーを大別すると２つの派に分類されます。まず、劇的派。永遠に語り継がれるワールドシリーズやオールスターゲームの名場面で劇的な本塁打をたまたま打っちゃったとかいう大リーガーたちです。次は、最初派。何でもイイから最初にやっちゃったという大リーガーたちです。実は、この最初派が曲者というか、私たちの参考になるんです。

たとえば、最初に盗塁をしたとか、最初にカーブを投げたとか、最初にスライダーを投げたという大リーガーなら歴史に永遠に名前が残っても納得できますよね。……ここにあげた例はすべて誰なのか定説が一応ありますけど、異論もあります。

ところが、最初にやったことはたしからしいんですけど、歴史に永遠に名前が残るにしてはチョットなぁという大リーガーもいるんです。ケン・ハーレルソンという男です。

ハーレルソンが大リーグで最初にやったことが２つあると言われています。まず１つ目。今、試合中、眩しい太陽の光に対処するために目の下にスミを塗る大リーガーがけっこういますけど、これを最初にやったのがハーレルソンと言われているんです。

２つ目。１９６０年代の或る日のこと、ゴルフが大好きなハーレルソンは野球の試合前にあまりに熱心にゴルフをやり過ぎて掌（てのひら）が痛くなってしまったんですって。で、野球の試合が始まったとき、ゴルフで使ったグラブを手にはめてバットを握り、打席に立ったんですって。それまで、そんなことをした大リーガーは誰もいなかったらしいです。でも、ハーレルソンがやったことがキッカケとなって他の大勢の選手たちも真似をするようになったんですって。こうして、バッティング用のグラブが誕生したらしいんですよ。

何でもイイから最初にやっておけば歴史に永遠に名前が残るかもしれないというわけです。

古代ローマを描いた人の言葉

塩野七生(しおのななみ)。広く知られているように、『ローマ人の物語』で古代ローマを描いた女性だ。そういう女性と大リーグには何の関係もないと思われるだろう。ところが、私にとってはあるんです。

大リーグはアメリカン・リーグとナショナル・リーグの2リーグからなるが、アメリカン・リーグだけが1973年に指名打者(通称DH)という制度を導入した。……野球に詳しくない方のために簡単に説明しておくと、DHというのは打撃専門で守備には就かない選手。投手の代わりに打席に立つ。

ナショナル・リーグも2022年にDHを導入することになった(新型コロナウィルス感染症が流行した2020年にDHを導入したが、翌21年には元に戻っていた)。

さて。私が敬愛する進化生物学者、スティーヴン・ジェイ・グールドのエッセー集『ニワトリの歯』(上下巻、1988年、早川書房、訳・渡辺政隆、三中信宏)の下巻に『死よ、おまえの勝利はどこにあるのか』が所収されている。冒頭にビル・リーという大リーガーが吐いた言葉を紹介した傑作エッセーだ（ちなみに、ビル・リーは１９７０年代にアメリカン・リーグのボストン・レッドソックスで活躍した技巧派の左腕投手）。その言葉とは、「だんだん自分がマウンドで通用しなくなってきた原因は、「指名打者（ＤＨ）制」が採用されたせいで投げるだけの選手になってしまったことにある」。さらに、ビル・リーはヤケに学者めいた言葉まで吐いている。「絶滅した種は、みな特殊化しすぎたために絶滅したのだ」。グールドは、ビル・リーの言葉を紹介してから生物種の絶滅について論じているのだが、ここで私が言いたいのは別のこと。

アメリカン・リーグだけがＤＨ制を導入していた時代、アメリカン・リーグとナショナル・リーグの投手全体の成績を比べてみると優劣の違いなどほとんどなかった。たとえば、防御率も1試合平均の奪三振数も両リーグの投手全体で比べると差がなかった。つまり、投げるだけの選手になろうがなるまいが、投手成績は全体で見ればほとんど違いはないのだ。それでは、どうしてビル・リーは通用しなくなったのかということになる。

ここで、私は塩野七生著『ローマ人への20の質問』（２０００年、文春新書）の最後の言葉を思い出す。《ローマはなぜ滅亡したのか、に答えるには、ローマ人はなぜ、いつ、何が原因で自信を喪失してしまったのか、に答えればよいとさえ考えはじめているのです》。

人がダメになる一番の原因は制度ではなく、その人の心の持ちようにあるのかもしれない。

『私を野球につれてって』

大リーグの試合では、7回表の攻撃が終わると観客は一斉に立ち上がる。背伸びをしたりして体をほぐすためだ。このとき、観客は大声で『TAKE ME OUT TO THE BALL GAME（私を野球につれてって）』という曲を合唱する。昔から〝セブンス・イニング・ストレッチ（7回の体ほぐし）〟と呼ばれる大リーグの伝統だが、今では日本でも知っている人が多くなったようだ。知らなかった人はテレビ観戦で確かめてください。

ところで。この曲名をそのままタイトルにした米国映画がある。『私を野球につれてって』（1949年）。大リーグを題材にしたミュージカル・コメディだ。主役を演じるのは、歌もダンスも上手(うま)いフランク・シナトラとジーン・ケリー（2人とも当時の大スターです、念のため）。が、しかし、この映画をDVDで初めて観たとき、私は思わず〝う～ん〟と唸(うな)ってしまった。二度。

まず最初の〝う～ん〟。この映画は前年のワールドシリーズで優勝した球団の春のキャンプから始まるのだが、2人の選手（この2人が主役）がキャンプにやって来ない。皆がやきもきしていると、やっと現れる。そんじゃ、この2人はどうしてキャンプに遅れてやって来たのか？　理由は、シーズンオフにショービジネスの世界で働いていたから。舞台に立って楽しく歌い、踊っていたのだ。この設定は、歌もダンスも上手いフランク・シナトラとジーン・ケリーのために考え出されたんだろうけど、私は思わず〝う～ん〟と唸ってしまった。だって、当時の大リーガーの中には年俸がヤケに低くてシーズンオフに副業に就かないとまともに生活できない人がけっこういたらしいんですよ。この事実を知っていると、どんなに楽しい歌やダンスでもシーズンオフの副業だもんなぁと考えてしまって、身につまされてしまうわけです。

では、もう一つの〝う～ん〟。フランク・シナトラとジーン・ケリーは見事な歌とダンスを披露するけど、肝心の野球のシーンになるとガラッと変わる。つまり、野球は下手なんです。これはもう、メチャクチャというか、話にもならないレベル。つまり、大リーガーのくせに野球より副業のほうが遥かに上手いわけ。これには〝う～ん〟と唸るしかないでしょう。映画なんだから仕方ない？ それはないですよ。だって、そんな大リーガーは現実にはいるわきゃないんだから。万が一、そんな大リーガーがいたら、野球なんかサッサとやめて副業だけに打ち込みますって。

〝最後の4割打者〟の人間性

ビル・ジェームズ。野球界に革命をもたらしたと言われる人物だ。

大リーグでは長い間、選手の能力の評価をスカウトたちの経験や直感に任せてきた。つまり、けっこう主観的な評価をしてきたわけだ。ビル・ジェームズはこうした主観的評価を排し、選手の能力を客観的に評価する新たな統計学的手法を提唱したのだ。この手法を紹介した米国製

DVDが日本でも発売されている。『ベースボール革命 勝利の統計学』（2007年、KADOKAWA）。ビル・ジェームズ本人も登場して解説してくれる、実に興味深くて面白いDVDだ。でも、このDVDの内容には私が絶対に承服できないことが1つだけある。

ビル・ジェームズは各ポジションについて史上最高の選手を選び、選んだ理由も解説しているのだが、史上最高のレフトにテッド・ウィリアムズを選んだ際にこう言っているのだ。「彼の並外れた攻撃力は……人間的な欠点をも補って余りあるものがあります」。他の選手たちに関しては野球の能力以外について何も言っていないから、テッド・ウィリアムズだけが人間性に問題があったことになる。

そんじゃ、史上最高のライトに選んだベーブ・ルースが結婚している身で女狂いに明け暮れていたことはどうなんだ？　史上最高のセンターに選んだウィリー・メイズが野球ボールにサインをして欲しいと頼んできた11歳の少年に「サインは10ドルだぜ」なんて言ったことはどうなんだ？　……この出来事の顚末をボブ・グリーンが『サインは10ドル』というコラムで詳しく書いている（『アメリカン・ドリーム』所収、1989年、集英社、訳・菊谷匡祐）。少年は涙を隠すために顔を手で覆ったそうだが、大リーガーたち全員に聞かせてやりたい名言も吐いている。「あの人、とっても貧乏してるんだね」。

さて。テッド・ウィリアムズは2002年7月5日に亡くなった大リーガー。ボストン・レッドソックスの中心打者として活躍し、背番号9がレッドソックスの永久欠番となっている。

1941年の打率は4割6厘。その後に4割打者は1人も誕生していないので、〝最後の4割打者〟と呼ばれる。第2次世界大戦と朝鮮戦争の両方で兵役に就いた大リーガーは数人しかいないが、そのうちの1人。この兵役で全盛期の5年近くを棒に振ることになったが、何一つ文句を言わなかった。……私が心底惚れた、たった1人の大リーガーだ。

テッド・ウィリアムズの人間性を悪く言う人はビル・ジェームズ以外にもいる。たしかに激しい性格で、野次を飛ばした客と喧嘩（けんか）したこともある。公式の場にノーネクタイで現れるという不作法なことをすることも多かった。人付き合いが下手で、報道陣との関係はいつも良くなかった。でも、誰であれ人には色々な面があることを忘れてはいけないだろう。もちろん、テッド・ウィリアムズにだって色々な面があった。ここでは3つだけを簡単に紹介しておきたい。

まず、「ジミー基金」を通しての貢献。この基金は、小児がん（癌）の研究・治療の進歩を目指してボストンで設立されたもの。テッド・ウィリアムズが「ジミー基金」のために努力を惜しむことはなく、常に募金活動の先頭に立ち、子供たちの命を救うために戦ったのは広く知られている。

次は、テッド・ウィリアムズが1966年に栄えある「野球の殿堂」入りを果たしたときに行ったスピーチ。大リーグが黒人に門戸を開かなかった時代には、黒人はどんなに名選手でも「黒人リーグ」でプレーするしかなかった。テッド・ウィリアムズは、そうした黒人名選手を「野球の殿堂」に入れるべきだと主張したのだ。このスピーチもきっかけとなって、多くの黒人名選手の「野球の殿堂」入りが実現した。

3つ目は極めて個人的なこと。実は、私の女房は妙な縁から生前のテッド・ウィリアムズと一度だけ会ったことがある。そのときのテッド・ウィリアムズの様子について、私は女房から取材して長文のエッセーを書いたことがある。心底惚れた大リーガーについてのことだから精魂込めて書いたものだ。『さらば愛しき大リーガー』(『ハードボイルドに生きるのだ』所収、講談社+α文庫)。これを読んで頂ければ、テッド・ウィリアムズがどれほど素晴らしい男であったか尚一層ご理解頂けると思う。どなたにも。……たぶん。

2人だけなのか、それとも……

以前、私は大好きなテッド・ウィリアムズについてこう書いた。〝第2次世界大戦と朝鮮戦争の両方で兵役に就いた大リーガーは数人しかいないが、そのうちの1人〟。これを読んで質問してくる人がけっこういる。第2次世界大戦と朝鮮戦争の両方で兵役に就いた残りの大リーガーは誰なのか？　そんなのどうでもイイと思っている人もけっこういるでしょうけど(そういう人のほうが多いでしょうね、きっと)。

まず、ボブ・ケネディ。1939年に大リーガーとなり、1957年に引退。シカゴ・カブスとオークランド・アスレチックスで監督も務めている。現役時代も監督時代も際立った成績は残していない。

さて。ここから先に問題がある。実は、第2次世界大戦と朝鮮戦争の両方で兵役に就いた大リーガーはテッド・ウィリアムズとボブ・ケネディの2人だけという意見と、もう1人いるという意見があるのだ。

ジェリー・コールマンはニューヨーク・ヤンキースで活躍した大リーガー。１９５７年に引退してからラジオのアナウンサーとして成功したことでも有名だ。そして、第2次世界大戦と朝鮮戦争の両方で兵役に就いている。が、しかし、ジェリー・コールマンが大リーガーになったのは第2次世界大戦で戦った後の１９４９年。つまり、第2次世界大戦で兵役に就いたときは大リーガーではなかったわけだ。朝鮮戦争で兵役に就いたときは大リーガーだったけど。で、両戦争で兵役についた〝現役大リーガー〟ということにはならない。

ちなみに。テッド・ウィリアムズはジェリー・コールマンのことを自分やボブ・ケネディと同じように両戦争で兵役に就いた大リーガーとは思っていない。

話は変わるが、米国屈指のジャーナリストで大リーグの熱烈なファンでもあるデイヴィッド・ハルバースタムは２００７年に交通事故で急死してしまった。遺作となったのは、朝鮮戦争を詳細に描いた『ザ・コールデスト・ウインター　朝鮮戦争』（上下巻、２００９年、文藝春秋、訳・山田耕介、山田侑平）。デイヴィッド・ハルバースタムはテッド・ウィリアムズについての素晴らしい本も出しているくらいだから、朝鮮戦争を描いた本となれば戦場におけるテッド・ウィリアムズについてチョットは触れているに違いないと私は期待しつつ読んだ。と

ころが、まるっきり触れていない。残念！　まぁ、それでも遺作は読み応えのある傑作だから
イイんだけど。……合掌。

もう特別扱いはやめましょう

つい先日の夜。私は自宅のベッドにゴロンとなって米国映画『あなたは私のムコになる』（２００９年）のＤＶＤを日本語吹き替えで観ていた。そして、或るシーンでニヤッとしながら〝たぶん違うだろうな、いや絶対に違うな〟と思った……。

この映画では、準主役の男性がコーヒーをこぼして自分のシャツを汚してしまう。綺麗（きれい）なシャツに急いで着替えなければならない立場なので、職場の同僚男性にシャツを脱いでよこせと言う。そのかわり、〝ヤンキース〟のチケットと交換してやると言う。私は日本語字幕に切り替えてみた。やっぱり〝ヤンキース〟のチケットとなっている。次に、オリジナルの英語に切り替えてみた。〝ヤンキースとレッドソックス〟のチケットと言っている。つまり、英語ではヤンキースの相手球団の名前もきちんと言っているのに日本語吹き替えも日本語字幕も省いてしまっているのだ。……こういう例は昔からけっこうある。たとえば、１９５７年製作の傑作映画『十二人の怒れる男』でもヤンキースの相手球団を日本語では省いている。

これじゃ日本ではニューヨーク・ヤンキースだけが大リーグ球団と思えばイイみたいではないか。

映画の字幕には字数、吹き替えには俳優の口の動きという制約があるのはわかってます。でも、野球は２球団で戦うんだし、ヤンキースだけが大リーグ球団じゃないんだから、これからは相手球団の名前も何とか入れてくれると嬉しいです。

内野安打とヘッドスライディング

イチローがピート・ローズの年間２００本安打10回という大リーグ記録に並んだことにケチをつける人がいる。イチローはセコイ内野安打が多いけど、ピート・ローズはそんなことなかったというのだ。こういうケチをつける人って、同じ記録でもイチローよりピート・ローズのほうが偉大だと言いたいんですかね。

では、こういうケチをつける人を私はどう思っているか？　人によって考え方は色々だから仕方ないんじゃないの、と思うだけ。人の考え方ってホントに色々ですからね。そして、そのほうが健全かもしれないし。

でも、こういうケチをつける人がいるなら、ケチなんかつけない私の考えも言っておきたいです。

まず、イチローは内野安打が多いことについて。内野安打はインチキでもルール違反でもないので何の問題もない。イチローには足が速いという長所があるのだから、その長所を活かして内野安打を多くしていることにケチなんかつけたくない。人が自分の長所を活かして生きていくのは素晴らしいことだ。

次は、ピート・ローズについて。いつも全力で走り、ベースに向かって頭から突っ込むド派手なヘッドスライディングをしょっちゅうやっていたので、そのハッスルぶりが人気を呼んでいた。でも、ピート・ローズは足が速かったと思ったら大間違い。ド派手な見た目とは違って足は速くなかった。内野安打を増やしたくてもできなかった。そうそう、ピート・ローズは大リーグで24年間もプレーしたけど、通算盗塁数は198（盗塁0の年とか、盗塁数よりも盗塁を試みて失敗した数のほうが多い年もあった）。ちなみに、イチローは大リーグ19年間で509。

最後に、怪我（けが）の危険性が高いド派手なヘッドスライディングについて。これは普通、足の速い選手がやるものだ。この方法を普及させた一番の功労者は1930年代に大リーグで活躍したペッパー・マーチンだが、足が速くて盗塁王にも3回なっている。では、足が速くないピート・ローズがド派手なヘッドスライディングを多用していたのはどうしてか？　パフォーマンス的要素があったとしか思えない。ピート・ローズ自身も「ヘッドスライディングは絵になるから新聞に写真を載せてもらえる」みたいなことを言ってたようだし。……でも、これに私はケチをつけません。ヘッドスライディングを繰り返しても24年間プレーできる体力という長所を活かしていたんだから立派、と思うだけです。

そんな残酷なことしないでよ

米国ではときどき、日本では考えられないようなことが行われる。〝おいおい、それって一体何のためにやってんだよ〟と言いたくなることだ。今回は、そうした例を１つ。

２００９年末、米国の野球誌『ザ・ハードボール・タイムズ・ベースボール・アニュアル２０１０』が或る発表を行った。……２０１０年には２００９年ほどの活躍ができないと予想される大リーガー10人のリストだ。……いくら競争社会の米国とはいえ、そして言論の自由があるとはいえ、こんな残酷なリストを発表するなんてビックリですよ。どの選手だって頑張るつもりでいるのに、特定の選手たちに対して〝オマエたちは来年は今年ほど活躍できないぜ〟って言ってるようなもんですからね。

日本ではこんな残酷なことしませんよね？　日本のマスコミはどこも心優しいし。……ホントか？

では、この残酷リストに載った選手の２０１０年の成績は予想通りに２００９年より落ちたのか？　ほぼすべての選手が成績を落としたと言ってイイ。でも、予想が見事に的中したと褒めてあげるわけにはいかない。そんなことはできない理由が幾つかある。

まずはリストに載っていたイチローについて。年齢的な衰えから成績が落ちると予想されていたが、たしかに２０１０年は２００９年より成績は落ちた。でも打率は３割１分５厘で７位

（２００９年は３割５分２厘で２位）、安打数は２１４本で１位（２００９年は２２５本で１位）。立派な成績と言ってイイ。

次に、リストに載っていなかった人気有名選手について考えてみよう。まずは、デレク・ジーター。シーズン中にイチローと同じ36歳になるのだから年齢的衰えで成績が落ちると予想してもイイのに残酷リストには入っていなかった。でも、成績はイチローより遥かに落ちた。たとえば、打率は２割７分で34位（２００９年は３割３分４厘で３位）、安打数は１７９本で11位（２００９年は２１２本で２位）。次に、ジョー・マウアー。２００９年より落ちなかった項目は１つもないと言ってもイイくらい落ちに落ちまくった。たとえば、打率は３割２分７厘で３位（２００９年は３割６分５厘で１位）、長打率は４割６分９厘で20位（２００９年は５割８分７厘で１位）。この２人が残酷リストに入っていなかっただけでも大きな問題があるから褒めてあげる必要を私はまったく感じません。

こんな残酷リストを発表するくらいなら、成績が上がると予想される選手を並べた幸福リストを発表したほうが遥かにイイと私は思う。

どっちのファンなんだ？

ジョン・ハイルマン、マーク・ハルペリン共著『大統領オバマは、こうしてつくられた』（２０１０年、朝日新聞出版、訳・日暮雅通）。米国の大統領選挙戦の裏側を描いたノンフィクションだが、取材の徹底ぶり、一気に読ませる筆力には舌を巻く。私は熱狂しながら読んだ。

　この本には大統領選挙戦の真っ最中にオバマが自分のアドバイザーのオフィスを訪ねるところがあるのだが、そのときの姿がこう描かれている。《オバマは、ジーンズに革のジャケット、〈ホワイトソックス〉の野球帽といういでたちだった》。

　オバマが大リーグ球団シカゴ・ホワイトソックスのファンと自ら公言しているのは有名だが、ホントに普段からファンにふさわしい姿を好んでしているのがわかる。

　ところで。シカゴにはホワイトソックスの他に大リーグ球団がもう１つある。シカゴ・カブス。両球団のファンは対抗意識が強いことで知られている。では、幅広い層から支持されないとマズイ政治家が自らホワイトソックスのファンと公言なんかしてイイのか？　イイと思う。もしオバマがカブスのファンと公言したら話は大きく変わるけど……。

　昔はよくこう言われた。カブスのファンはシカゴ北部の白人が多く、ホワイトソックスのファンはシカゴ南部の貧しい黒人が多い。今は、ホワイトソックスの白人ファンだってけっこういるほど様変わりしている。でも、昔の傾向が完全に消えたわけではないし、オバマは若い頃にシカゴ南部の貧しい黒人のために尽力したし、夫人のミシェルはシカゴ南部の裕福とは言えない黒人家庭で育った。で、オバマがホワイトソックスのファンでなかったら、かえっておかしなことになってしまう。

　さて。シカゴが舞台の米国映画『あなたが寝てる間に……』（１９９５年）。意識不明となった白人エリート弁護士の婚約者と勘違いされた女性が主人公。或る事情から、その勘違いを受け入れて演技しなくてはならない羽目になる。でも、男性の弟がホントに兄の婚約者か疑い始め、兄についてどれだけ知っているか質問を浴びせる。その質問の中に、「兄が好きな野球チームは？」というのがある。つまり、ホワイトソックスなのかカブスなのか？　どっちのファンなのか私は興味津々で観ていたのだが、結局、どっちなのかわかんないまま話は進行してしまう。

ハリウッド映画は政治家以上に幅広い層からの支持を意識しているってことなんですかねぇ。

後世にも語られるのは誰だ？

アーネスト・ヘミングウェイが１９５２年に発表した小説『老人と海』。超有名な小説なので、読んだことがない方でも作品名くらいは知っていると思う。なんせ、この作品が高く評価されてヘミングウェイはノーベル文学賞を受賞することになったとさえ言われているくらいだ。

さて。ヘミングウェイは『老人と海』の主人公を野球好きの老人と設定している。そして、老人が他の登場人物と野球の名監督は誰かという会話を交わす箇所がある。その会話で真っ先に名前が出てくるのはジョン・マグロー。大リーグ球団ニューヨーク・ジャイアンツ（現在のサンフランシスコ・ジャイアンツ）の監督を30年も務めた男だが、１９３４年に亡くなっている。つまり、死後18年も経っているのに『老人と海』の中で語られているわけだ。

では、私がこんな話をする理由は何か？　実は２０１０年、大リーグではヤケに大勢の監督が辞めたのだ。理由は様々。たとえば、ロサンゼルス・ドジャースのジョー・トーリのように自ら退任とか、ピッツバーグ・パイレーツのジョン・ラッセルのように解任されたとか（このパターンが一番多かった）。そういえば、２０１０年の11月４日にはスパーキー・アンダーソンが亡くなっている。１９９５年を最後に引退していた監督だ。

で、私はこう思うのだ。２０１０年に辞めたり亡くなった大勢の監督たちの中で、死後18年も経ってから小説の中で語られるような人物はいるのだろうか、と。そして、いるとしたら誰なんだろう、と。

こういうのって難しい問題ですね。歴史が下す判断は予想もつかないっていうのが相場ですもんね。

ところで。ジョン・マグローは死後18年も経ってから『老人と海』で語られているけど、実はそれどころではないのだ……。

ジョン・マグローが亡くなってから75年後の２００９年に製作された米国映画『パブリック・エネミーズ』（主演はジョニー・デップ）。１９３０年代に実在した銀行強盗を描いた映画だが、ラジオがジョン・マグローの死去をニュースとして伝えるシーンがさりげなく入れられている。１９３０年代の雰囲気をリアルに出すためにジョン・マグローの名前が使われているわけです。

でも、ここで問題が1つある。『老人と海』は後世に残るけど、『パブリック・エネミーズ』はどうなのか？ ……私の考えは言わなくてもおわかり頂けると思う。

新・ヘミングウェイの真意

アーネスト・ヘミングウェイの有名な傑作小説『老人と海』。主人公の老人のことを心配し、良き話し相手となっている男性が登場する。名前はマノーリンだが年齢は書かれていないし、名前ではなく「boy（ボーイ）」という表現で済まされている箇所のほうが遥かに多い。

この小説の日本語訳として広く知られてきたのは福田恒存訳（新潮文庫）と野崎孝訳（集英社版『世界文学全集77』所収）。どちらも、さすがと唸らせるほどの名訳だ。しかし、どちらの訳にも私が違和感を抱いている点があった。「ボーイ」を「少年」と訳し、マノーリンが口にする言葉をすべて子供っぽい日本語にしていることだ。私はマノーリンは少年ではなく22歳以上の若者として訳したほうがイイと思っているから。その根拠を簡単に挙げておこう。

①「ボーイ」という英語は「若者」という意味で使われることもあるし、米国では実際にトシいった人が若者のことを「ボーイ」と呼ぶことはいくらでもある。これは英語に詳しい人にとっては常識レベルのことだ。

②マノーリンが老人にビールを奢（おご）るという箇所がある。少年はそんなことはしないと考えるのが普通だろう。

③老人とマノーリンの会話の中に大リーガーのディック・シスラーのことが出てくる。このディック・シスラーの〝父親〟の名前は書かれていないが、マノーリンがディック・シスラーの〝父親〟についてこう言っている。「ぼくくらいの年のときには、もう大リーグに入っていたんだよ」（これは福田恒存訳だが、野崎孝訳は表現が違うだけで意味は同じ）。ところで、この〝父親〟とはジョージ・シスラーのことだ。イチローが2004年に破るまで年間安打257本という大リーグ記録を持っていた男で、大リーグに入ったのは大学で学んだ後の22歳のとき。

こうした問題提起を私は『朝日新聞』夕刊（2011年1月12日付）で『ヘミングウェイの真意』というタイトルで書いた。

そして、私の問題提起の後に色々なことが起こった。ヘミングウェイ研究者の前田一平氏が『マノリンは二十二歳――欲望のテキスト『老人と海』』と題した文（『アーネスト・ヘミングウェイ　21世紀から読む作家の地平』所収、2011年、臨川書店、日本ヘミングウェイ協会編）の中で私の問題提起を引用して下さり、さらに海外の文献なども詳細に検討し、マノーリンは22歳の若者と説いている。この文を読めば、マノーリンは少年ではなく22歳以上の若者と考えるほうが妥当ということに疑問を抱くことなどないと私は思う。

ところが、その後、高名な方々による『老人と海』の新訳が世に出たのだが、相変わらずマノーリンを少年として訳している。小川高義氏訳（２０１４年、光文社古典新訳文庫）、高見浩氏訳（新潮文庫、２０２０年）。どちらもさすがと思わせる名訳だと私はリスペクトしているが、マノーリンの年齢に関してだけは受け容れられない。

では、そうした新訳ではジョージ・シスラーの件はどういうことにしているのか？　その件について高見浩氏は訳本の『翻訳ノート』で詳しく説明されている。その説明に触れる前にマノーリンがディック・シスラーと、その父親（ジョージ・シスラー）について語る箇所の英語を紹介しておく必要がある。

英文はこうだ。「The great Sisler's father was never poor and he, the father, was playing in the big league when he was my age」。私ならこう訳す。「偉大なシスラーの父親は貧しくなかった。僕の年齢のときには大リーグでプレーしていたんだ」。

最後の〝he〟は父親（ジョージ・シスラー）のこととしか私には思えないが、高見氏は最後の he は息子のディック（文頭の Sisler）と考えている。ジョージ・シスラーは息子のディックが10歳のときまで大リーガーだったからマノーリンは少年と考えられるというわけだ。ヘミングウェイは最初の he を使うときに父親のことだとわざわざ書いているのに、次の he が息子のディックに戻るなどということがあるだろうか。私には到底受け容れられない解釈だ。ちなみに、長きにわたって広く知られていた福田恒存訳と野崎孝訳では、最後の he を息子のディックとして訳していない。私と同じように父親のことだと解釈している。

最後のheを息子のディックに戻ると解釈するのは、どうしてもマノーリンを少年にしたいがためのものとしか私には思えない。オリジナルの英文を虚心坦懐に解釈するのではなく、まず〝マノーリンは少年〟ありきから出発して解釈しているとしか私には思えない。

高見氏はマノーリンを少年とする根拠として映画化された『老人と海』もかなり意識されているが（映画ではマノーリンは少年になっている）、映画が登場人物の年齢を原作小説から変更してしまう例はいくらでもある。また、マノーリンが老人にビールを奢ったということは、マノーリンも老人と一緒にビールを飲んだと考えるほうが自然だ。ところが映画ではビールを飲んでいるのは老人だけで、マノーリンはコーラを飲んでいる。ヘミングウェイはマノーリンはコーラを飲んだなんて一切書いていないのに。小説は飽くまでもテキストを虚心坦懐に読むことが大事なのではないか。映画版などを気にしたりせずに。

素人のくせに極めて失礼で生意気なことを書いてしまったが、ご容赦ください。そして、誰の考えが正しいのか皆さんがそれぞれご自分で考えて頂けるとありがたいです。

尚、２０２２年９月に今村楯夫氏がマノーリンを少年ではなく若者と解釈した画期的な新訳本を出版された（左右社）。私はとても嬉しい。

神は気まぐれで微笑むのか

投手が打者を１人も塁に出さずに勝利するのが完全試合。２０１０年、大リーグでは完全試合を2人の投手が達成した。100年以上の歴史を誇る近代大リーグで1年間に2人の投手が完全試合を達成したなんて初めてだった。日本プロ野球では1966年に既に起こっていたことだけど。

2012年には大リーグで3人の投手が完全試合を達成した。こんなことは日本プロ野球では起こっていない。

完全試合を2回達成した投手は1人もいない。大リーグでも日本プロ野球でも。その理由は〝神は1人の男に2回は微笑んでくれない〟からだと私は思っている。つまり、完全試合は実力だけで達成できるわけではなく、神が微笑んでくれないと無理と私は思っているのだ。そんな私からすれば、2010年は神が大リーグに2回も微笑んでくれたことになる。1人の男にではなく2人の男にだけど。神は日本プロ野球には1966年に既に2回微笑んでくれていたわけだから、ひょっとすると神は米国より日本が好きなのかもしれないなどと考えてはダメ。2012年に神は大リーグに3回微笑んでくれたけど、日本には1年間に3回も微笑んでくれたことはないんだから。

さて。ここで或る疑問が浮かぶ。実力がなくても神が微笑んでくれれば完全試合を達成できるのか?

近代大リーグ（1901年以降）では22人の投手が完全試合を1回ずつ達成している。その22人には、〝超一流〟、〝一流〟、〝普通〟、〝並以下〟の投手が満遍なく含まれている。〝並以下〟

というのは、実力は大したことないけど神がたまたま微笑んでくれたので完全試合を達成しちゃったのかもしれないという投手。

その代表例が、１９２２年に完全試合を達成したチャーリー・ロバートソン（当時、シカゴ・ホワイトソックス所属）。勝利数のほうが敗戦数より多かった年が一度もなく、通算成績も49勝80敗。

このチャーリー・ロバートソンについて書かれた興味深い文章がある。シカゴで育ち、シカゴに対して愛憎入り交じった感情を抱きながら亡くなった作家、ネルソン・オルグレンの『シカゴ、シカゴ』（１９８８年、晶文社、訳・中山容）の中の一節。《……チャーリー・ロバートソンはどうなったんだろう？　ある日突然草野球からでてきて、ホワイトソックスの投手として、完全試合をやってのけた、あのチャーリー。……それからまた草野球へもどってしまった男。だれにもヒットを許さなかった完全試合以外、なにひとつ痕跡を残さなかったチャーリーは？》。……こういう例を知ると、神が何を基準に微笑むことにしているのか私にはサッパリわからなくなる。

〝ほぼパーフェクト〟のドラマ

前回、２０１０年は大リーグで2人の投手が完全試合（パーフェクト・ゲーム）を達成したことに触れた。でも、ホントはもう1人達成していたんですよね……。

野球の試合ではドラマが色々と生まれ、ファンを驚かせたり感動させたりしてくれる。そうしたドラマの中でも完全試合は飛びきりのものと言ってイイだろう。で、米国では小説や映画で完全試合が扱われることがけっこうある。例を1つ。短編小説の名手、ローレンス・ブロック著『ほぼパーフェクト』(『やさしい小さな手』所収、2009年、ハヤカワ文庫、訳・田口俊樹)。主人公の投手は7回終了まで走者を1人も出さずにくる。あとアウトを6つとれば完全試合達成だ。でも、ここで驚くべきドラマが生まれる。感動するというよりゾォ〜ッとすることだけど……。

さて。〝現実は小説より奇なり〟だ。2010年6月2日、大リーグでとんでもないドラマが生まれた。その日、デトロイト・タイガースのアーマンド・ガララーガ投手は9回2死まで走者を1人も出さなかった。次の打者1人をアウトにすればイイんだから、ほぼパーフェクトだ。そして、実際に次の打者を一塁でアウトにした。ところが、一塁の塁審がセーフと誤審して完全試合達成はパーとなってしまった。このドラマに驚かなかった人はいないだろう。

では、このドラマに感動する点はあったのか? 私にはあった。

ガララーガ投手は試合後、泣き言など吐かず、「誰もパーフェクト(完全)ではない」と粋(いき)な言葉で審判を許した。でも、私が感動したのは、このことではない(言葉でなら何とでも言えますからね。本心とは違うことだって言えますよ)。それは、審判が誤審をした瞬間、ガララーガ投手が怒ったりせず、チョット微笑みながらキョトンとして〝セーフってホント?〟という表情を顔に浮かべたこと。私は子供の頃から大リーグの熱狂的ファンだが、大リーガーがこれほど素敵な表情を浮かべたのを見たことがなかったのだ。

ガララーガは2010年に〝ほぼ完全試合〟を行ったのに、翌2011年にデトロイト・タイガースはガララーガ投手をトレードでアリゾナ・ダイヤモンドバックスに放出してしまった。素敵なことをした男をそんな風に扱うなんて、大リーグは血も涙もない世界なのか！……ただの言いがかりです。スミマセン。

ガララーガ投手は2012年を最後に大リーグからは姿を消した。

ひと山当てたら何を買う？

マイケル・ルイス著『世紀の空売り　世界経済の破綻に賭けた男たち』（2010年、文藝春秋、訳・東江一紀）。世界の金融界を揺るがしたサブプライム・ローン問題とは一体何だったのかを人間ドラマ仕立てで描いた傑作ノンフィクション。

主人公は、サブプライム・ローンの馬鹿げた本質を早くから見抜き、それが破綻することに賭けて大儲けをした男たちだ。賢くて大胆な男たち。そうした男たちの1人に向かって、或る人物が取引の誘いをかける箇所がこう描写されている。〝このトレードでひと山当てれば、ロサンゼルス・ドジャーズが買えるかもしれない（ドジャーズが売りに出てるとは言ってませんよ）とほのめかし……〟。

さて。大リーグには球団が30あるのに、ひと山当てたら買いたくなる球団はロサンゼルス・ドジャースと決めつけるのはどうしてなのか。……そんなことはどうでもイイと思う人が多いだろうけど、私は気になって一応考えたくなるのだ。

この誘いを持ちかけられた男はニューヨークで生まれ育ち、ニューヨークのウォール街で仕事をしている。で、ロサンゼルスと縁があるとは思えない。ドジャースは1957年までニューヨークのブルックリンを本拠地としていたから、ドジャースに愛着を持っている人がニューヨークにはいる。でも、この男が生まれたのは1960年代だから、そんな愛着があるとも思えない。そういう男に向かってなら、ニューヨーク・ヤンキースを買えるかもしれないと誘いをかけるのが筋じゃないのか。どうしてそうしないのか。

ところで。米国の有名な経済誌『フォーブス』が毎年、大リーグ全球団の資産価値を発表している。1位はいつもヤンキース。ドジャースの資産価値はヤンキースの約半分（男が誘いを受けたのは2006年だが、当時のヤンキースの資産価値は10億2600万ドル。ドジャースは4億8200万ドル）。ということは、資産価値がべらぼうに高いヤンキースは無理だけど、半分のドジャースなら手が届くかもしれないということなのか。もしそうだとしたら、賢くて大胆な男に対する誘いとしてはあまりに失礼じゃないのか。……やっぱり、どうでもイイことだったかもしれない。

競争社会が垣間見せる優しさ

大リーグは熾烈な競争社会だ。球団は、必要ないと判断した選手をドンドン他球団にトレードしたり退団させる。選手のほうだって、ＦＡ資格（新たに契約を結ぶ球団を自ら選べる資格）を得れば条件のイイ球団にホイホイ移っていく。で、ズッと同じ球団で大リーガー人生を全うする選手（「フランチャイズ・プレーヤー」と呼ぶ）は少ないことになる。

さて。マイク・スウィーニーはカンザスシティ・ロイヤルズで13年間にわたって活躍し、オールスターゲームにも５回選ばれた。本人はロイヤルズを心から愛し、ロイヤルズのフランチャイズ・プレーヤーとして大リーガー人生を全うしたかった。人柄も抜群で、ファンから愛されていた。でも２００８年、ロイヤルズを去らなければならなくなり、その後、３球団を渡り歩いた。そして２０１０年をもって引退することになったが、古巣ロイヤルズが心優しいところを見せた。２０１１年３月25日、スウィーニーと１日だけ契約したのだ。で、スウィーニーはロイヤルズの一員として引退ということになった。……こういうことが大リーグではときどき行われる。

ところで。２０１１年のシーズンの開幕戦でベンチ入りした選手たち（各球団25人がベンチ入りし、球団数は30だから、合計７５０人）について私は調べてみた。大リーガーになってから同じ球団で10年以上プレーしているのは何人なのか？

過半数の17球団には1人もいない。この17球団には、大リーガー人生の途中で現在の球団に移って10年以上という選手もいない。

残りの13球団に計15人いるが、複数人いるのはニューヨーク・ヤンキースだけ（デレク・ジーター、マリアーノ・リベラ、ホルヘ・ポサダ。3人とも2011年が17年目）。最も年数が長いのはアトランタ・ブレーブスのチッパー・ジョーンズで、2011年が18年目。日本人大リーガーも1人だけいる。2011年でシアトル・マリナーズ11年目となるイチロー。

大リーガー人生の途中で現在の球団に移って10年以上という選手が2人いるが、ボストン・レッドソックスのティム・ウェイクフィールドは2011年で17年目だ。

これから、大リーグで何人のフランチャイズ・プレーヤーが誕生するのか？　フランチャイズ・プレーヤーでなくとも球団が心優しいところを見せる選手は何人誕生するのか？

有名作家の気になる発言

私は、2011年のシーズン開幕戦でベンチ入りした大リーガー（前述したように750人）が今シーズン終了時点で何歳になっているかを調べ、40歳以上が何人いるか勘定してみた。13人いた。内訳は、投手6人、捕手2人、内野手3人、外野手1人、指名打者1人。投手が一番多いのは、やっぱりなって感じ。投手は毎試合出場しなくてもイイってこともありますからね。最年長も投手です。ボストン・レッドソックスのティム・ウェイクフィールド、45歳。

この男が投げる球種は、肩に負担がかからないナックルがほとんど。こういう投手は長持ちすることが多いんです。投手以外の最年長はシカゴ・ホワイトソックスのオマー・ビスケル、44歳。

ところで。私がこんなことを調べたのにはチョットした理由がある。

２００７年に84歳で亡くなったカート・ヴォネガット。現代米国文学を代表する作家の１人です。私もけっこう好き。たとえば、米国映画『天使のくれた時間』（２０００年）では、嫌味な金持ち男が自分の若く純粋だった頃の思い出の品が入った箱を開けてヴォネガットの代表作『Cat's Cradle』（邦訳は『猫のゆりかご』、ハヤカワ文庫、訳・伊藤典夫）を取り出すシーンがチラッと出てくるので私はたまらなく嬉しい。そして、そのシーンをＤＶＤで何度も繰り返して観たりしている。

さて。ヴォネガットが50歳のときに受けたインタビューが『ヴォネガット、大いに語る』（ハヤカワ文庫、訳・飛田茂雄）に収載されているが、その中にチョット気になる発言があるのだ。「しかし、わたしはいま、いわばテッド・ウィリアムズ（この名打撃王は42歳まで現役生活を続けた）みたいなものでしてね―足を引きずりながら塁に進もうとしているのです……」。

あのね、私が心底惚れたただ1人の大リーガー、テッド・ウィリアムズの現役晩年はたしかに全盛期と比べたら衰えてましたよ。でもね、40歳でも首位打者になったんですよ。現役最後の42歳のときは規定打席数に達していないのに本塁打は29本で第6位だったんですよ。こんなに凄い大リーガーは他にいないんですよ。それなのに、そんな言い方はないんじゃないの、ヴォネガットさん。

私は、40歳以上の大リーガーの成績に注目するようになっている。

あの男がモデルかもしれない

堂場瞬一著『ミス・ジャッジ』（2011年、実業之日本社文庫）は野球小説。しかも大リーグ物。主人公はボストン・レッドソックスに入団した日本人投手で、もう1人の重要な人物との緊張を孕んだ関係がサスペンス風に描かれていく。読み始めたらやめられない傑作だ。ところで。もう一人の重要な人物というのは審判（日本人として初めて大リーグの審判になった男）。この設定は大リーグの熱狂的ファンの私にとってはたまらなく魅力的。

大リーグの出来事の中には、熱狂的ファンなら必ず審判の名前と共に語り継いでいくものがある。たとえば、1917年6月23日のボストン・レッドソックス対ワシントン・セネタース戦での出来事。レッドソックスの先発投手ベーブ・ルースは初回の先頭打者を四球と判定した審判に文句を言って退場させられたのだが、その後に急遽登板した投手が打者を1人も塁に出さなかったので継投によるノーヒット・ノーランという妙な結果となった。で、この出来事を熱狂的ファンはベーブ・ルースに退場を命じた審判、ブリック・オーウェンスの名前と共に語り継いでいる。そうそう、2010年6月2日に誤審で完全試合がパーとなった一件も熱狂的ファンは誤審をした審判、ジム・ジョイスの名前と共に語り継いでいく。

さらに、米国の野球小説の中には実在した審判がモデルかもしれないと考えたくなるものがある。たとえば、日本で独自に編纂した米国の野球短編小説集『12人の指名打者』（1983年、文春文庫、訳・稲葉明雄、永井淳、村上博基）に収載されたポール・ギャリコ作『アンパイアの叛乱』というコメディー風の小説。

主人公は審判で、或る事情から他の審判とはまるっきり違う奇抜な服装でグラウンドに立ち始める。結末は、その奇抜な服装はやめるが胸ポケットに派手なハンカチーフという格好だけはしてグラウンドに立つようになる。この作品が米国で発表されたのは1954年だが、その当時、他の審判とは違う格好をして派手なネクタイでグラウンドに立つので有名なジョッコ・コンランというチョット気障（きざ）な審判が実在していたのだ。

いつか大リーグに日本人審判が実際に登場して欲しいが、『ミス・ジャッジ』に登場するような審判ではないことを願う。その意味は『ミス・ジャッジ』を読めばわかります。

憧（あこが）れる男の子が減っている

2010年末から始まったチュニジアの民主化運動（いわゆるジャスミン革命）を発端として、中東諸国が大きく揺れることになりましたね。

私はチュニジアという国のことをよく知らない。で、ジャスミン革命が報じられ始めたときも、どこか遠い国の出来事といった感じだった（お恥ずかしいかぎりだ）。でも、ニュースを見聞きしているうちにフッと思い出した。そういえばチュニジアと大リーグのことが出てくる米国の傑作映画があったなぁ、と。

『パットン大戦車軍団』（１９７０年）。第２次世界大戦で勇名を馳せた猪突猛進型の米国人将軍、ジョージ・パットンを描いたもの。冒頭のシーンから度肝を抜く。なんせ、いきなり（タイトルなどが流れる前！）パットン将軍が若い米国兵たちの前で行う凄い迫力の演説から始まるのだ。この演説シーンだけでも一見の価値ありです。米国について色々と考えさせられるので。

このシーンが終わると、やっとタイトルなどが流れ、本格的に映画が始まることになる。そして最初のシーンが、米軍がドイツ軍にコテンパンにやられたチュニジアの戦場。このシーンも一見の価値ありです。考えさせられるところがあるので。ただし、凄惨極まりないシーンです。

さて。ここで冒頭の度肝を抜く演説シーンに戻ろう。実は、この演説でパットン将軍は大リーグという言葉を使っているのだ。〝オマエたちは子供の頃、大リーグの選手に憧れただろう〟という風に。

たしかに、第２次世界大戦前の米国では男の子の多くが大リーグの選手に憧れたのだろう。

でも、今はチョット違うみたい。そういう男の子は減っているようなのだ。その理由が幾つか言われているが、ここでは2つだけ紹介しておこう。

1つ目。男の子が初めて野球を知るのは父親からというのが普通だが、今の米国は夫婦2組に1組が離婚する。で、男の子が父親から野球を教えてもらう機会が減ってしまった。2つ目。学生時代にアメリカンフットボールやバスケットボールで活躍すれば、プロになってもすぐに通用して大金を稼げることがけっこうある。でも野球は違う。安い給料のマイナーリーグで数年苦労しないと大リーグの選手にはなれないのが普通で、すぐには大金を稼げない。

結局は民主化運動とは何の関係もない話ですみません。

一度だけ光り輝いた男の今

2000年、或る大リーガーの打撃成績が私を驚かせた。驚いたのは私だけではなかったけど……。

その年、アナハイム・エンゼルス（現在のロサンゼルス・エンゼルス）のダリン・アースタッドが年間安打240本という成績を残したのだ。これは度肝を抜くほどの成績だった。20世紀から始まった近代大リーグで年間安打240本以上を達成したのは、それまで10人の計11回だけだったし、第2次世界大戦以降では1人の1回だけだったのだ（1985年にウェイド・ボッグスがアースタッドと同じ240本を達成している）。

２０００年より前のアースタッドは年間安打が２００本を超えたことすら一度もなかったし、打率が３割を超えたことも一度もなかった（２０００年は打率も急上昇して３割５分５厘）。で、私は興奮してきた。〝アースタッドの素晴らしい才能が遂に開花したんだ。まだ26歳だし、これからドンドン凄い記録を残していくだろう。年間安打２４０本以上を一度でも達成した10人は全員が年間安打２００本以上を複数回達成している。アースタッドもそういう選手の仲間入りをしたんだ〟。

でも、アースタッドの打撃は二度と光り輝かなかった。打率が３割を超えることも、年間安打が２００本を超えることも二度となかった。そして２０１０年６月、正式に引退を表明した。大リーグ生活は14年間だった。その間、守備が上手い選手に与えられるゴールドグラブ賞を３回受賞し、内野と外野で受賞した大リーグ史上初の選手となった。

引退後、アースタッドは母校ネブラスカ大学の野球コーチとなった。コーチの道を歩み始めることができて心から喜んでいるようだ。

さて。２０００年にアースタッドが２４０本安打を達成したとき、イチローも驚いていた。大リーグにはそんな凄い選手がいるのか、と。翌２００１年、大リーグに移った27歳のイチローはいきなり年間安打２４２本。２００４年には２６２安打という年間安打数の大リーグ新記録も達成した。

アースタッドの後に年間安打２４０本以上を達成したのはイチローだけだ。そんなイチローをアースタッドはどう思っているのだろう？　イチローを超える選手を育成しようと情熱を燃やしてくれたら私は嬉しい。

左利きで達成した唯一の男

「野球の殿堂」入りという栄誉を得るためには、大リーグで10年以上プレーし、現役引退後５年経ってから記者投票で選ばれなければならないのが基本。では、どの程度の成績を現役時代に残しておけば選んで貰えるのか？　明確な基準といったものはないが、何となく基準みたいになっているものはある。たとえば、通算本塁打５００本あるいは通算安打３０００本を達成した打者は確実に選ばれると言われている（どちらも達成していなくても選ばれることはいくらでもあるけど）。

ところで、この両方を達成してしまった凄い打者が７人いる。この７人のうち５人が右投げ右打ち、１人がスイッチ・ヒッター（右投げ両打ち）。１人が左投げ左打ち。つまり左利きで達成したのは１人だけなのだ。２００５年を最後に引退したラファエル・パルメイロ。

パルメイロにはステロイド使用の疑惑がプンプンだ。２００５年の薬物検査で陽性反応も出ているし。……本人は故意にステロイドを使用したことはないと強く主張していた。

私は昔から、右利きか左利きかに妙にこだわる男だ。そして、左利きで通算本塁打５００本と通算安打３０００本の両方を達成する大リーガーを待ち続けてきた。ケン・グリフィー・ジュニアならできると思ったのに故障の連続でダメだった。ステロイド使用疑惑プンプンのパルメイロじゃ認めたくない。現役大リーガーの中には期待できる左利きは1人もいない。とても淋しい。

日本プロ野球では500本塁打と3000安打を達成した打者が1人だけいる。張本勲。左利きだ（左投げ左打ち）。

名前が同じで困ってしまう

日本では、プロ野球12球団の名前をプロのサッカーチームが使ったりしていない。つまり、Jリーグのサッカーチームがジャイアンツやタイガースやライオンズやバファローズといった名前を使ったりしていないということだ。そういうことをするのって、何となく日本の文化には馴染まないいんですかね。……そういえば、これと同じようなことが日本全国の数ある市の名前についても言えるかもしれない。日本で名前が同じ市となると、東京都と広島県の府中市、福島県と北海道の伊達市だけしかないと思う（もし他にもあったらごめんなさい）。

米国はまるっきり違う。同じ名前の市なんてザラ。1つの名前を10以上の市が使っているなんて例すらあるくらいだ。そういう米国では、同じ名前を大リーグのチームと他のプロスポーツのチームが使っている。たとえば、アメリカンフットボールのニューヨーク・ジャイアンツ

(大リーグにはサンフランシスコ・ジャイアンツというチームがある)、アリゾナ・カージナルス(大リーグにはセントルイス・カージナルスというチームがある)。アイスホッケーのニューヨーク・レンジャーズ(大リーグにはテキサス・レンジャーズというチームがある)。

実は、こういうことに関して私は米国派だった。名前は好きなものを自由に付けるのが一番と思っていたから。でも最近、自分の考えを変えたほうがイイのかもしれないという経験をすることになった。

米国映画『フェイク』(1997年)のDVDを観ていたら、マフィアの男がこういう科白(セリフ)を吐いていたのだ。「ジャイアンツの勝利に金を賭ける」。これじゃ、勝利に金を賭ける対象は大リーグのサンフランシスコ・ジャイアンツなのか、アメリカンフットボールのニューヨーク・ジャイアンツなのかわからないのだ。

この映画はニューヨークが舞台。そんじゃ、アメリカンフットボールのニューヨーク・ジャイアンツの勝利に金を賭けるのか? でも、大リーグのサンフランシスコ・ジャイアンツは1957年まで本拠地がニューヨークで名前もニューヨーク・ジャイアンツだったんだから、懐かしがってこっちの勝利に金を賭けてる可能性もあるじゃないか。まったく、一体どっちなんだ?

こういうハッキリしないのって、私は気になって困る。

個人的恨みだけではないけれど

バリー・ボンズ。大リーグの本塁打記録を塗り替えたことで有名な選手だ。年間本塁打73本、通算本塁打762本。でも、こうした記録は筋肉増強剤であるステロイドの力を借りて達成されたことは誰もが認めていると言ってもイイだろう。で、バリー・ボンズの記録は正式なものとして扱うべきではないと主張する人がけっこういる。私もその1人だ。

2011年4月、そのバリー・ボンズに関する2つのニュースが米国から伝わってきた。まず、4月13日。大勢のスポーツ選手にステロイドを提供していた会社、バルコ社に対する捜査にきちんと協力しなかったという司法妨害罪で有罪の評決がバリー・ボンズに申し渡されたというニュース。次は、この評決から8日後の4月21日。大リーグ機構のコミッショナー、バド・セリグがバリー・ボンズの本塁打記録を抹消しないという見解を示したというニュース。

私にとってはコミッショナーの見解のニュースのほうが重要だった。バリー・ボンズのすべての記録が正式記録として扱われ続けてしまうという危惧(きぐ)を感じたからだ。……バリー・ボンズがステロイドの力を借りて達成した大リーグ記録は本塁打に関するものだけではなく、他にもある。実は、私が一番気にしているバリー・ボンズの大リーグ記録は本塁打の記録ではないのだ。

野球界では近頃、打率よりも出塁率を重視すべきという動きがある。安打で出塁しようが四球で出塁しようが出塁したことに変わりはないのだから、打率よりも出塁率で選手を評価すべきというわけだ。こうした傾向は日本よりも米国で強い。

さて。バリー・ボンズがステロイドの力を借りて本塁打をヤケに多く打つようになると、投手が勝負を避けることも多くなった。で、バリー・ボンズは四球もヤケに多くなって出塁率が急上昇した。そしてだ、私が心底惚れたただ1人の大リーガー、テッド・ウィリアムズが１９４１年に打率４割６厘と同時に残した年間出塁率５割５分３厘という大リーグ記録をバリー・ボンズは塗り替えてしまった。……さすがに、テッド・ウィリアムズの通算出塁率４割８分２厘という大リーグ記録は塗り替えられずに残っているけど。

私がバリー・ボンズの記録に厳しい理由の1つとして、惚れた男の記録を破ったことに対する個人的恨みがあるのかもしれない。

何かが起こると思っていたら

人類初の月面到達を目指したアポロ計画が本格的に始まったのは１９６１年。その年、大リーグでは後世まで語り継がれる出来事があった。ニューヨーク・ヤンキースのロジャー・マリスがシーズン最終戦で本塁打を打ったのだ。ベーブ・ルースの年間本塁打60本という大リーグ記録を初めて破る第61号本塁打。

アポロ計画のハイライトは、アポロ11号による人類初の月面到達。１９６９年のことだ。その年、大リーグでは後世まで語り継がれる出来事があった。１９６２年に新たに誕生した大リーグ球団、ニューヨーク・メッツはあまりに弱く、お荷物球団とさえ呼ばれていた。ところが１９６９年、初のリーグ優勝を果たし、ワールドシリーズまで制覇してしまった。その年のニューヨーク・メッツは当時も今も、「ミラクル・メッツ（奇跡のメッツ）」と呼ばれる。

　アポロ計画は17号による月面到達（11号から数えて6回目の月面到達。13号は有名な事故のために月面に到達していない）で一応幕を閉じた。１９７２年のことだ。その年、大リーグでは後世まで語り継がれる出来事があった。ピッツバーグ・パイレーツのロベルト・クレメンテはシーズン終盤の９月30日に３０００本安打を達成し、その後は安打を打たずにシーズンを終えた。そして大晦日（おおみそか）、地震が起こったニカラグアに自ら救援物資を届けようと乗り込んだ飛行機が墜落して死亡。偉大な男の偉大だが悲しい死だった。

　スペースシャトルの初飛行は１９８１年。その年、大リーグでは後世まで語り継がれる出来事があった。途轍（とてつ）もない活躍をするメキシコ人選手が現れ、ファンを熱狂させたのだ。ロサンゼルス・ドジャースの左腕投手、フェルナンド・バレンズエラ。その年、バレンズエラは史上初の新人王とサイ・ヤング賞（最優秀投手賞）のダブル受賞に輝いた。その年のナショナル・リーグ優勝を賭けた戦いは最終戦の最終回までもつれ込むという大接戦だったが、９回に１点を入れたドジャースが劇的優勝を遂げた。勝利投手は先発したバレンズエラだった。さらに、バレンズエラはドジャースの16年ぶりのワールドシリーズ制覇にも貢献した。

２０１１年7月、30年にわたったスペースシャトル計画が幕を閉じた。で、２０１１年の大リーグでは後世まで語り継がれる出来事が何か起こると私は思っていた。

そして、やっぱり起こった。

セントルイス・カージナルスの劇的なワールドシリーズ制覇だ。だいたい、カージナルスがワールドシリーズに出場できたことすら奇跡に近い。ワイルドカード（各地区で優勝できなかった球団の中で勝率が高い球団がワールドシリーズ制覇に向けて戦うプレーオフに出場できる資格）争いで8月末まで10ゲーム以上も差をつけられていたのに逆転してしまったのだから。

そして、ワールドシリーズ。２勝３敗で迎えた第６戦の凄さは球史に残る。７対５とリードされた土壇場の９回裏、ツーアウトから7対7の同点にもちこんでしまった。さらに、９対7とリードされた10回裏にまたしてもツーアウトから9対9の同点にもちこみ、11回裏に劇的なサヨナラ本塁打で勝利。これで勢いづいたカージナルスは第7戦も勝って優勝してしまった。

さて。カージナルスが球史に残る戦いの末にワールドシリーズ制覇を遂げたのはスペースシャトル計画が幕を閉じたことが理由だが（？）、もう１つ理由がある。

米国にジョージ・ベクシーという、私が大好きな優れたスポーツライターがいる。この人が野球の歴史を描いた素晴らしい本を米国で出版したのは２００６年８月（邦訳は『野球　アメリカが愛したスポーツ』、武田ランダムハウスジャパン、訳・鈴木泰雄）。この本の最初の数ページではカージナルスの至宝、スタン・ミュージアル（２０１３年没。享年92）について不自然なくらいヤケに詳しく触れている。この本が出た２００６年、カージナルスは24年ぶりにワールドシリーズで優勝。さらに２０１１年5月、この人がスタン・ミュージアルについての素晴らしい本『Stan Musial: An American Life』（邦訳なし）を出した。で、２０１１年、カージナルスは5年ぶりにワールドシリーズで奇跡の優勝を遂げることができたのだ。……そんなのこじつけ？　いやいや、現実が素晴らしい本の後追いをすることがあるのは歴史が証明している常識です。……ホントか？

第3章 道路の途中にある休憩所

イタリア系米国人のヒーロー

2011年4月に評決が出た裁判。大勢のスポーツ選手にステロイドを提供していた会社、バルコ社に対する捜査にきちんと協力しなかったという司法妨害罪でバリー・ボンズが有罪となった裁判だ。今回は、この裁判でステロイドを提供されて使用したと正直に証言した大リーガーについて。

イタリア系米国人のジェイソン・ジアンビ。1995年にオークランド・アスレチックスで大リーガーとしてデビューし、強打者として鳴らした。2002年からニューヨーク・ヤンキースに移籍したが、やはり強打者として活躍。その後、コロラド・ロッキーズなどでプレーし、2014年を最後に引退した。

大リーガーたちのステロイド使用問題が大スキャンダルとして騒がれ始めたのは、ジアンビがニューヨーク・ヤンキースに移籍した後だった。この問題が表面化して以来、ジアンビはステロイドを使用し続けていたことを正直に認め、謝罪の言葉を繰り返した。で、ボンズとは違って司法妨害罪に問われなかった。でも、強打者というイメージに大きな傷がついてしまったことは否めない。〝墜ちた偶像〟となってしまったとも言える。そうしたことを哀しく伝える米国映画がある。

『25時』（2002年）。舞台はニューヨーク。主人公の男は麻薬密売で有罪となり、刑務所に収監されるまで残すところ1日だけ。その最後の1日を男がどう過ごすかを描いた映画だが、虚しい想いに駆られた男がレストランのトイレの中で1人で毒づくシーンがある……。

ニューヨークには実に多くの人種・民族の人たちが暮らしている。男はトイレの中で、そうした多くの人種・民族の人たちに対して毒づいていくのだが、イタリア系の人たちに対しては〝ジェイソン・ジアンビのバットを振り回しやがって〟と毒づいている。つまり、ジアンビをニューヨークのイタリア系の人たちのヒーローとしているわけだ。

この映画が米国で公開されたのは2002年末だ。ジアンビがニューヨーク・ヤンキースに移籍して最初のシーズンを終えた後で、ステロイド使用が表面化する約2年前。……今、この映画を観るとどうしても考えてしまう。映画の公開が数年遅れていたらジアンビをヒーローとしては扱わなかったのではないか、と。

女性の誘惑に負けない方法

2010年、ロバート・B・パーカーが逝った。享年77。私にとっては特別な人の死だった。米国では、小説の中で野球について触れる作家が実に多い。野球がテーマの作品ではないのにだ。こうした作家の中で私が心底気に入っているのは、純文学系ではポール・オースター（2024年没。享年77）、エンターテインメント系ではパーカーとなる。この2人の野球に対する愛は本物としか思えないのだ。

そのパーカーの最終作の邦訳が2011年に出た。私立探偵スペンサーのシリーズ物としても最終作となった『春嵐』（早川書房、訳・加賀山卓朗）。私は読み始めた瞬間、思わずニヤッとした。野球がテーマではないのに、こう始まるのだ。《春だった。春分が果たすべき役割を果たし、オフィスの開けた窓から入ってくる三月下旬の風は、まださほど暖かくはないが、柔らかだった。春季キャンプがまたのんびりと続いている。開幕日は二週間後だ》。つまり、春とくれば大リーグの開幕を控えた季節ということになるのだ。

さて。私立探偵スペンサーのシリーズ物の中で世評が最も高い『初秋』（ハヤカワ・ミステリ文庫、訳・菊池光）。この小説では、或る女性が裸になって主人公のスペンサーを誘惑する。スペンサーが絶対に誘惑に乗ってはいけない女性だ。では、スペンサーは誘惑に負けないために何をしたか？　大リーガーのことを次から次へと考えることにしたのだ。カール・ハッベル、ジョー・クローニン、ベーブ・ルース、ルー・ゲーリッグ、アル・シモンズ、ジミー・フォックス、スタン・ミュージアル、テッド・ウィリアムズ、ジョー・ディマジオ、ウィリー・メイズ、ジャッキー・ロビンソン……。

こういう描写って、私のような大リーグの熱狂的ファンにとってはたまらなく痺（しび）れるものだ。うん？　ここで名前があがった大リーガーの中には裸の女性に誘惑されたらホイホイ乗っちゃうんじゃないかと思われるのが何人かいるですって？　そりゃそうかもしれない。でも、それを言っちゃオシマイです。

皆さんも女性の誘惑に絶対に負けない方法を何か持っていたほうがイイと思いますね。それが大リーガーのことを次から次へと考えるというテなら最高ですよ。

功績が讃えられるまでの経緯

永久欠番。選手（そして監督やコーチなど）の功績を讃えて、その背番号を永久に誰にも使わせないと球団が決めたものだ。

ところで。２０１０年の前後2～3年の間に大リーグでは10人ほどの選手・監督の背番号が永久欠番となった。なんだかヤケに大勢で、永久欠番のバーゲンセールみたいじゃないかと私は思ったものだが、よくよく考えてみたらそうでもなかったみたい。

大リーグで初めて永久欠番と決められたのはルー・ゲーリッグ（ニューヨーク・ヤンキース）の背番号4で、１９３９年のこと。それから２０１０年までの約70年で約１５０人の選手・監督などが永久欠番となった。ということは、平均すると毎年2人以上が永久欠番になってもおかしくないわけだから、２０１０年の前後2～3年で10人ほどというのは平均をチョット上回る程度とも考えられる。

それでも、その2～3年で大リーグの永久欠番となった選手・監督について考えると面白いことがわかる（面白いと思うのは私だけかもしれないけど）。球団が永久欠番とした経緯が実に色々なのだ。

たとえば、引退と同時と言ってもイイくらいの早さで永久欠番になった人がいる。25年間にわたるアトランタ・ブレーブスの監督を２０１０年に辞したボビー・コックス（背番号６）や、通算セーブ数６０１の大リーグ記録を達成して２０１１年の１月に引退したトレバー・ホフマン（サンディエゴ・パドレス時代の背番号51）。

一方、引退後かなり経って記者投票で「野球の殿堂」入りが決まってから永久欠番となった人もいる。ミネソタ・ツインズの元投手バート・ブライレブン（背番号28）。かと思うと、１９７３年に既に「野球の殿堂」入りを果たしていたのに、やっと永久欠番になった人もいる。サンフランシスコ・ジャイアンツ初の黒人選手モンテ・アービン（背番号20）。さらに、亡くなってからデトロイト・タイガースの永久欠番となった元監督スパーキー・アンダーソン（背番号11）という例もある。

人の功績は、いつになったら、そして何がキッカケで讃えられるかわからないものだ。ということは、讃えられて然るべきなのに讃えられていない人がいるということだろう。

大リーグの永久欠番の中にはチョット変わった例がある。同一球団で同一背番号が２人の人物の永久欠番となっているという例があるのだ。２０２４年の時点で6組。

ではここで、そうした例の中から3組を検証してみよう。まず、セントルイス・カージナルスの背番号「42」はブルース・スーターとジャッキー・ロビンソンの永久欠番。どうしてそんなことになったのか？　サイ・ヤング賞（最優秀投手賞）も受賞したことがあるブルース・スーターは１９８８年を最後に引退し、２００６年に「野球の殿堂」入りを果たした。それを機に背番号「42」が永久欠番となった。しかし大リーグ機構は１９９７年に近代大リーグ史上初の黒人大リーガーであるジャッキー・ロビンソンの背番号「42」を全30球団の永久欠番と決めていたので、カージナルスでは「42」が２人の永久欠番となったわけだ。これは納得がいく経緯で問題なし。

でも、次の2組には問題がある。

ニューヨーク・ヤンキースの背番号「8」はビル・ディッキーとヨギ・ベラの永久欠番となっている。ビル・ディッキーが１９４６年に引退した後、1年だけ他の選手が背番号「8」を使い、その翌年からヨギ・ベラが「8」となった。これは一体どういうことなのか？　ビル・ディッキーが引退した時点では永久欠番にする気などなかったのに、ヨギ・ベラが凄い名選手となったので、ついでにビル・ディッキーも永久欠番にしたんじゃないのか？

シカゴ・カブスの背番号「31」がファーガソン・ジェンキンスとグレッグ・マダックスの永久欠番となったのも似たような経緯。球団初のサイ・ヤング賞を受賞したファーガソン・ジェンキンスが１９８３年に引退した後、その背番号「31」は他の選手のものとなり、１９８６年途中からはグレッグ・マダックス（サイ・ヤング賞を4回受賞！）が使い始め、グレッグ・マダックスが引退した翌年の２００９年に２人の永久欠番となった。

まぁ経緯がどうあれ、功績が讃えられるのはイイことだと思うけど。

複数の球団で永久欠番となっている人物もいる。2024年の時点で15人。近代大リーグ史上初の黒人大リーガー、ジャッキー・ロビンソンの背番号「42」は全30球団で永久欠番となっているが、これは除いてだ。

この15人のうち13人が2球団で永久欠番。残りの2人、ノーラン・ライアンとフランク・ロビンソンが3球団で永久欠番。

さて。この15人は在籍した複数の球団で同じ背番号が永久欠番となっているのか？　もしそうだとしたら、実績を笠に着て、元在籍していた球団での背番号を移籍先の球団でも使わせろとダダをこねたのではないのか。……実にはしたない疑問です。でも、こんな疑問を抱く理由があるんです。

米国映画『ザ・ファン』（1996年）では、サンフランシスコ・ジャイアンツに移籍してきたスター選手が元在籍していた球団で使っていた背番号を使わせろとダダをこねるんです。その背番号を使っている選手との言い争い、金で譲るなんて話のシーンまで出てくるんです。

15人中、複数球団で同じ背番号が永久欠番となっているのは9人。この9人は2つのタイプに分かれる。まず、怪しい点がないと思われる人たち。新たに創設された球団に移ったから同じ背番号を使えたとか、移籍先の球団ではベンチ入りするレギュラー級の選手は使っていなかったから。もう1つは、チョット怪しいなぁと思わせるところがある人たち。移籍先の格下の選手の背番号が与えられているから。……まぁ、こういうのも球団からの配慮で、格下の選手も心から納得の上と考えましょう。

最後に、15人の中で私が一番気に入っている男について。カールトン・フィスクはボストン・レッドソックスでは「27」。移籍したシカゴ・ホワイトソックスでも「27」を使おうと思えば使えた。でも、そうせずに「27」を逆にした「72」を使っている。実に愛嬌（あいきょう）があるではないか。……この「72」のカールトン・フィスクの姿が野球映画の傑作『フィールド・オブ・ドリームス』に出てくるんだけど、気付いている人ってどのくらいいるんだろう？

兄ディジー、弟ポール

米国の純文学系作家の中で一番の大リーグ通と私が思っているのはポール・オースター（2024年没。享年77）。

そのオースターの傑作小説『ミスター・ヴァーティゴ』（新潮文庫、訳・柴田元幸）では、実在した大リーガーが登場して主人公と会話を交わす。1930年代にセントルイス・カージナルスで活躍した投手、ディジー・ディーンだ。著者のオースターは、そんな古い時代の大リーガーのことを知らない読者のためにディジーについて説明する中で、1934年の出来事にも触れている。

その年、ディジーが30勝もあげ、ワールドシリーズでも2勝して活躍したことなどだ。さらに、ディジーの弟ポールも同じカージナルスの投手として19勝をあげたことにも触れている。でも、弟のポールはその年、新人ながらノーヒット・ノーランまで達成し、ワールドシリーズでも兄と同じように2勝していることには触れていない。

１９３４年のワールドシリーズでは、優勝のために必要な4勝は兄弟が2回ずつ完投して勝利に導いたものだ。こんな異例中の異例のことに大リーグ通が触れないなんて私には意外だ。米国の大リーグ通は弟ポールを大して評価していないのか？

たしかに兄は『野球の殿堂』入りも果たした名投手だ。一方、弟はそれほどの名投手ではなかったけど、１９３４年の活躍は凄いじゃないか。それでも米国では弟ポールに対する評価は大したことないわけ？

で、２０１１年の夏休み、私は米国でドライブ旅行をする際に調べてみることにした。ミシシッピ州ジャクソン市の「ミシシッピ州スポーツ殿堂博物館」ではディジーについて詳しく展示している（ディジーが晩年をミシシッピ州で過ごし、遺体もミシシッピ州に埋葬されているという縁からだ）。私はそこを訪ねてみることにしたのだ。弟についても展示・説明があるに違いないと思って。

到着してみると、ディジーについての展示だらけだった。普通の写真だけではなく、投球フォームの分解写真を拡大して展示までしていた。さらに、ディジーのロッカーを模したものまであった。でも、私が一番知りたい弟のポールについての展示物はなかなか見つからない。こりゃ職員に訊くしかないかと思っていたら、職員が声をかけてきてくれた。「君は日本から来たのかい？」。

ディジーの投球フォームの分解・拡大写真

私は「ええ、そうです」と答えてから訊いてみた。「弟のポールは米国じゃ評価されてないんですか？」。職員は意外な質問をするヤツだなぁという視線を私によこしてから、優しく諭すように話し始めた。「ディジーとポールじゃレベルが違うんだよ。それからさ、ディジーは性格が滅法明るくて皆に好かれていたんだ。そうそう、或るとき、ゴルフボールにサインをして

家族写真。後列左端がディジー、右端がポール

くれとディジーに頼んだ少女がいたんだ。ディジーは喜んでサインしてあげたんだけど、その少女は後にゴルフのアマチュア選手権で優勝したんだぜ……」。延々と兄ディジーについての話ばかりを聞かされる羽目になった。

職員から離れて1人になった私は、展示物を1つ1つチェックしていった。兄の展示物で溢（あふ）れていた。野球に関する物以外にも、著名な政治家や芸能人と一緒に写った写真もけっこうある。弟が兄について語っている言葉が引用されているのも見つけた。兄が如何（いか）に素晴らしい人物で周囲から好かれているかということを語った言葉だ。そんじゃ、その弟はどういう人物だったのかという言葉もあるかというと、そんなものはない。

でも、１枚の古い写真に私は釘付けになった。家族が一緒に写った写真。兄ディジーも弟ポールも写っている（前ページに掲載）。弟は兄と比べると存在感が薄い感じだ。その写真を私は見つめ続けた。……オレは君の１９３４年の活躍を絶対に忘れないぜ。

道路の途中にある休憩所

１９３４年のワールドシリーズでは、ディジー・ディーンとポール・ディーンという兄弟投手がそれぞれ2回ずつ完投勝利を収めてセントルイス・カージナルスを優勝に導くという凄いことをやってのけた。その兄弟投手について調べるために私はミシシッピ州ジャクソンの「ミシシッピ州スポーツ殿堂博物館」を訪ねた。実は、その博物館に到着する前にチョットした出来事があった。

アラバマ州からミシシッピ州に向かって州間高速道路を走っていた私は、フッと思った。〝とりあえずミシシッピ州の最新地図を手に入れておくか〟。そして、州境を越えてミシシッピ州に入った私は、すぐに旅行者向け公営情報センターに立ち寄った。そこでは最新地図をタダで入手できるから。タダで入手できるならそうするのが一番だろう。

公営情報センターでは目的の地図を簡単にタダで入手できた。自由に持って行ってイイようにカウンターの上に積んであったから。目的を達した私はすぐに立ち去ろうとした。が、しか

「ディジー・ディーン休憩所」の前景

し、妙な雰囲気に気付いて足をとめた。センター内には私以外に旅行者が誰もいないのだ。ヤケに静か。カウンターの向こうにいる係のオネエサンたち4人は手持ち無沙汰という感じだ。そんじゃチョット話でもしてあげるかとホンの軽い気持ちで私は声をかけた。「オレ、大リーグでかなり前に活躍したディーン兄弟のことを調べるためにジャクソンまで行くんだけど、あんたたちはディーン兄弟のことなんか知らないよね？」。ところが、オネエサンたちが一斉に「知ってるわよ」と答えたのでビックリ仰天。さらに、オネエサンたちからトンデモナイことを教えられることになった。

　ミシシッピ州を走る49号線という道路では、兄のディジーが晩年に暮らしていた家の近くに休憩所（レストエリア）が設けられていて、「ディジー・ディーン休憩所」と名付けられているというのだ。……私は米国で大リーガーの名前がついた道路なら何度も目にしたことがある。でも、道路の途中にある休憩所に大リーガーの名前がついているのを見たことなど一度もない。ホントにそんなものがあるのか？

壁一面に飾られたディジーの戯画

オネエサンたちが教えてくれた場所に行ってみると、ホントにあった。小綺麗な平屋建ての休憩所だ。

米国の田舎の道路には休憩所がけっこうコンスタントにある。そのほとんどが平屋建て。中に入ると、チョット休めるように椅子などが幾つか置かれている。トイレもある（これが一番大事）。自動販売機はあっても、売店はないのが普通だ。持参した物を食べながら休憩したい人は、屋外に置かれたテーブルと椅子を使うことになる。

「ディジー・ディーン休憩所」の中に入ってみると、とても静かだった。私以外には誰もいないのだ。係員すらいないときている。

入ってすぐの壁にディジー・ディーンの写真が飾られていたが、特に興味を惹く写真でもない。ところが、奥に向かって行った私は実に面白い物と出くわすことになった。

ディジー・ディーンは実力抜群の投手というだけではなく、性格がヤケに明るく、皆に好かれていたことでも有名だ。そういうディジー・ディーンを見事に戯画化した大きな絵が一番奥の壁一面に飾られていたのだ（前ページに掲載）。その絵を見た瞬間、私は愉快な気分になり、そばに置かれた椅子に座って絵を見続けることにした。絵の横にはディジー・ディーンが残した記録が記されている。トップに記されているのはナショナル・リーグで4年連続奪三振王になったこと（１９３２〜３５年）。

結局、私は休憩所に2時間近くもいたのだが、その間、誰も入って来なかった。屋外で食事をしている人もいなかった。で、私は考えざるをえなかった。〝ひょっとすると、ここには誰も来ない日が多いんじゃないか。だいたい、この休憩所ってホントに必要なものなのか？〟。

休憩所から出た私は、車に乗り込みながら思った。……必要じゃないからって、ここを絶対につぶしたりすんなよ。ここは存在しているだけで価値があるんだからさ。これからオレは何度も来るからな。

これが〝男の意地〟ってものか

主にテキサス・レンジャーズで活躍した名選手、マイケル・ヤング。年間安打２００本といえばイチローだが、ヤングは右打者で5年連続２００本安打という大リーグのタイ記録を達成している。首位打者にも1回なっている。

ヤングは大リーグにデビューした２０００年からテキサス・レンジャーズにずっと在籍していた。打撃成績がイイだけではなく、真面目な性格で人望もあつかった。で、レンジャーズの選手たちの精神的支柱と言ってもイイ存在になっていた。そんなヤングだが、いや、そんなヤングだからこそと言うべきか、球団の事情で守備位置をコロコロ変わらせられても従ってきた。二塁手から遊撃手、そして三塁手へと変わらせられてきたのだ。

さて。２０１１年のシーズンが始まる前、ヤングにしてみれば大変なことが色々と起こった。まず、レンジャーズが新たな三塁手と6年契約を結んだのだ。エイドリアン・ベルトレ。本塁打王に1回なったことがあるし、前年は打率3割、打点１００を超えたという有能な三塁手だ。つまり、ヤングの守備位置がなくなってしまう。ということは、もう守備にはつかずに打撃だけに専念する指名打者になるしかない。ヤングはそれを受け入れた。そういう男なのだ。

ところが。その後、ヤングと球団の間で微妙なボタンのかけ違いみたいなことが起こってしまったみたい。球団がヤングを他球団にトレードしようと秘（ひそ）かに画策していたとか、それを知ったヤングが自分から他球団にトレードしてくれと強硬に申し出ることになったとか……。

でも結局、ヤングはレンジャーズに残った。主に指名打者として出場したが、他の選手たちの都合でアッチャコッチャの守備につかされることもあった（内野の守備位置すべてだ！）。まるで便利屋みたいな使われ方だが、それでもめげずに頑張り通し、シーズンが終わってみれば打率は3割3分8厘という自己最高。……こういう立派な男がいるのは嬉しいですねぇ。

ところで。２０１１年のヤングは打率が3割を超えただけではなく、打点は１００を超え、安打数も２００本を超えた。これは凄いことだ。

〝残酷〟の次は〝幸福〟だけど

まずは、以前に触れたことから。２０１０年のシーズンが開幕する前、米国のスポーツ雑誌が或るリストを発表した。２０１０年のシーズンには２００９年ほどの活躍ができないと予想される大リーガー10人のリストだ。私は２０１０年のシーズンが終わってから、このリストが的中していたとは認めないと書いた。さらに、大リーガーは誰もが懸命に頑張っているんだから、こんな〝残酷リスト〟みたいなものは発表しないほうがイイんじゃないかとも。

ところで。２０１１年の大リーグ開幕前、今度は活躍に注目すべき若手選手のリストを発表した米国メディアがある。『USA Today』。米国の有名な全国新聞だ。こちらは〝幸福リスト〟と言えるかもしれない。

では、この〝幸福リスト〟が的中したのかを上位にランクされていた10人の選手で検証してみよう。

まず最初に指摘しておきたいのは、上位にランクされた10人のうち６人もが投手ということだ。これは半分納得できる。野手よりも投手のほうが実力を予想しやすいから。でも、半分は納得できない。実力を予想しにくい野手についてこそ予想する度胸がなきゃねぇ。

さて。この６人の投手のうち、そこそこ以上の活躍をしたのは３人だけ。でも、そのうち２人が新人王を獲得したのは凄い。ナショナル・リーグのクレイグ・キンブレル（23歳）、アメリカン・リーグのジェレミー・ヘリクソン（24歳）。

４人の野手はどうかというと、フレディ・フリーマン（22歳。今、ドジャースで大谷翔平のチームメイトとして大活躍している選手！）がけっこう活躍しただけ（打率２割８分２厘、本塁打21本、打点76）。残りの３人はハズレという結果。……日本人大リーガーの西岡剛（にしおかつよし）は５位にランクされていたが、シーズン早期に怪我をしたのが残念。

そうそう、こうした〝幸福リスト〟の上位に名前が載らなかった選手も気に病む必要はない。自分は大器晩成型と思えばイイんだから。で、〝幸福リスト〟のほうが〝残酷リスト〟よりもマシということになる。

それにしても、〝残酷リスト〟といい〝幸福リスト〟といい、競争社会の米国のメディアは凄いことを平気でやるもんですねぇ。日本のメディア、特に全国新聞がこんなリストを作成して発表したりしますかね。しないと私は思うけど。日本社会はそこまで競争を好むとは思えないから。どうなんですかね。

〝Finis Origine Pendet〟

米国には「ボーディングスクール」と呼ばれる学校がある。簡単に（ホントに簡単に）言うと、全寮制の私立名門高校。卒業してから一流大学に進学し、エリートとして各界で活躍する生徒が多いことでも知られる。こうしたボーディングスクールを舞台にした米国映画が幾つかあるが、一番の傑作と私が思うのは『卒業の朝』（２００２年）。米国社会におけるエリートの光と影を理解する上でも実に参考になる映画だ。

この映画の舞台となっているボーディングスクールの校章の下には学校のモットーがラテン語で記されている。〝Finis Origine Pendet〟。映画では〝The end depends upon the beginning〟という英語に訳されている。ＤＶＤの日本語吹き替えでは〝結果は始まりで決まる〟。つまり、〝どういう人生を送るかは若いときにしっかり勉強するかどうかで決まる〟という意味で使っているのだろうから、学校のモットーにはふさわしいかもしれない。……元々のラテン語には、もっと深い含蓄と凄みがあるように私には思えるけど。

ちなみに。このラテン語は映画の中のボーディングスクールだからモットーとして使われているというわけではない。実在するボーディングスクールでもモットーとして校章の下に記されている。たとえば、「フィリップス・エクセター・アカデミー（通称エクセター）」と「フィリップス・アカデミー（通称アンドーバー）」。２校ともボーディングスクールの中でもトップランクだ。

ところで。『卒業の朝』の半ばで、生徒たちと先生が野球をするという微笑ましいシーンが出てくる。このシーンは微笑ましいだけではなく、重要だ。終盤の泣かせるシーンの見事な伏線となっているから。

そうそう、映画の中のボーディングスクールと同じラテン語をモットーとしている実在２校の卒業生の中には野球と関係のある人物もいる。たとえば、大リーグ球団テキサス・レンジャーズの共同オーナーだったこともある元大統領ジョージ・ブッシュはアンドーバー卒だ。

事実、作り話、そして本人

２００２年に亡くなった米国の著名な進化生物学者、スティーヴン・ジェイ・グールド。大リーグの熱心なファンだったグールドは、大リーグの記録・出来事を論じながら生物進化の深奥に迫るという見事な科学エッセーを幾つも書いている。

そのグールドの最後の科学エッセー集の邦訳が２０１１年に出版された。『ぼくは上陸している　進化をめぐる旅の始まりの終わり』（上下巻、早川書房、訳・渡辺政隆）。このエッセー集に『ジム・ボウイの書簡とビル・バックナーの股間』というエッセーが収められている。ここでは、〝ジム・ボウイの書簡〟については省略させてもらって、〝ビル・バックナーの股間〟について。

バックナーは1990年を最後に現役引退するまでの22年間で立派な成績を残している。でも、バックナーといえば誰もがすぐに思い浮かべるのは有名なエラーだ。

1986年、ボストン・レッドソックス対ニューヨーク・メッツのワールドシリーズ。レッドソックスが3勝2敗で迎えた第6戦は延長戦に突入した。10回表にレッドソックスが2点を入れ、もうワールドシリーズ優勝は間違いないと思われた。ところが10回裏、メッツが同点にして、なおもツーアウトでランナー二塁。次の打者が打ったゴロを一塁手のバックナーがトンネルエラーしてメッツのサヨナラ勝ちとなった。

グールドは、この事実を歪曲した作り話が多いことを指摘している。バックナーがトンネルエラーしたときレッドソックスは優勝まであとアウト1つだったのにとか、トンネルエラーさえなければレッドソックスは優勝できたのにというものだ。

バックナーがトンネルエラーした時点で既に同点にされていたのだから優勝まであとアウト1つは大間違いだし、トンネルエラーさえなければ優勝できたのにも事実と異なる。この試合は第6戦だったのだから、第7戦で勝てば優勝できた。

グールドがこうした作り話から生物進化について何を論じているか知りたい方は本を読んでください。私には他に言いたいことがあるので。

バックナーは２０１１年末、62歳で大リーグ球団ではなくマイナーリーグ球団の打撃コーチに就任した。作り話で深く傷ついているに違いない男が62歳となった当時も野球を愛し、野球の地味な仕事をしていたなんて実に嬉しいことだ。

黒人街の中にある聖地

２０１１年の夏。米国で爆走ドライブをしていた私は、アラバマ州モビールを久しぶりに訪ねてみた。

モビールを私が初めて訪れたのは１９９７年。２回目は２００３年。今回は8年ぶりの３回目ということになる。目的はいつも同じ。モビール市内にあるトゥールミンビルという黒人街の中に入って行くことだ。そこにはカーバー球場があるから。大リーグの熱狂的ファンの私にとってカーバー球場は聖地なのだ。

ハンク・アーロン。ベーブ・ルースの通算本塁打７１４本を初めて破り、大リーグ史上初めて通算安打３０００本と通算本塁打５００本を達成した男だ。そのハンク・アーロンは少年時代、カーバー球場で夢中になって野球をした。黒人街の少年たちと一緒に。白人少年と一緒に野球をすることはなかった。だいたい、白人少年は黒人街にやって来たりはしない。……トゥールミンビルは今も黒人だけが暮らしている黒人街のままだ。

ところで今回、私はトゥールミンビルに行く前に旅行者向け公営情報センターに立ち寄った。

トゥールミンビルがどこにあるのか良く憶えていなかったので教えてもらうためだ。応対をしてくれた白人のオネエサンは私に向かって「トゥールミンビルは危ないところよ」と言った。チョットチョット、そんな発言を見も知らないオレに向かってしてイイのかよ。……白人女性は絶対に黒人街の中に入ったりしないのだろう。そして、黒人街は昔も今も危険に違いないと思い込んでいるのだろう。

この白人女性だけではなく、黒人街に入って行くのは危険と思っている人が多い。たしかに、私も最初にカーバー球場に行ったときに怖い経験をしている。2回目は、そういう怖い目には遭わずに済んだけど。……この2回の経験については拙著『謎の1セント硬貨 真実は細部に宿るin USA』(講談社文庫)に収めた『黒い革ジャンの少年たち』で詳しく書いたのでご一読頂ければと思う。

トゥールミンビルに入った私は街中をゆっくり走ってみたが、街全体が以前より綺麗で、治安も良くなっているようだった。黒人以外は私だけだったけど、ジロジロと私を見たりする黒人は1人もいない。

ここで、モビールという地名についてチョット。日本ではモービルと表記している本が多い。野球関連本だけではなく他の分野の本でも。これはモービル石油の影響かもしれないが、モービル石油の英語スペルはMobilで、モビール（Mobile）とは違う。ちなみに、米国映画『フォレストガンプ／一期一会』（１９９４年）では主人公がモビールと言っているのに、日本語吹き替えではモービルとしてしまっている。一方、米国映画『ドライビングＭｉｓｓデイジー』（１９８９年）にもモビールが出てくるが、日本語字幕は正しくモビールとしている。

さて。私はカーバー球場までやって来た。以前よりも綺麗に手入れされたグラウンドをしばらく眺めた後、記念碑に向かって歩いて行った。今、カーバー球場を含めた一帯が「ハンク・アーロン公園」となっていて、公園の一角にはアーロンの立派な記念碑が立っているのだ。

日曜日の午前中のせいか記念碑の近くには誰もいない。とても静かだった。私が１人で写真を撮っていると、１台のバンがやって来て近くに駐まった。黒人の幼い少女たちがゾロゾロ降りてくる。ユニフォームらしきものを身に着けている少女が多いところをみると、これから皆でスポーツを楽しむのだろう。少女たちを引率している黒人のオバサン２人も降りてきた。

私は少女たちに声を掛けた。「君たちはこの街に住んでるの？」。少女たちは一斉に「そうよ」と答えた。１人の少女が私に訊いてきた。「あなたはどこに住んでるの？」。「日本の東京」。「ずいぶん遠いところから来たのね」。私は少女たちと一緒に記念碑の前に立ち、引率しているオバサンに写真を撮ってもらった。

去って行く少女たちの後ろ姿を見ながら思った。「あの子たちはアーロンみたいに黒人街を出て活躍するようになるのだろうか。あの子たちが白人から差別されたりしなければイイんだけど」。

『ハンク・アーロン自伝』（1993年、講談社、訳・佐山和夫）を読んで私が初めて知ったことがある。モビールが大リーガーを始めとする優秀な野球選手を数多く生み出しているということだ。ひょっとすると、米国のどこよりも。

モビールが生んだ優秀な野球選手には白人もいるが、黒人が多い。その理由として色々な説があるようだが、アーロンはカーバー球場の存在が大きいと考えているようだ。カーバー球場ができたことによって、他の黒人街の少年たちがトゥールミンビルにやって来るようになり、黒人少年チーム同士で対抗戦を盛んに行えるようになったからだ。

今、アーロンの記念碑の大きな円形の台座にはモビール市が生み出した優秀な野球選手15人の銘板がはめこまれている。この15人の銘板を読むと、モビールが優秀な野球選手を多く生んできたことがホントによくわかる。モビール出身の男たち、出身地はモビールではないが後にモビールと関係することになった男たち。白人選手の銘板もあるが、黒人選手の銘板が多い。黒人だけで結成されていた黒人リーグで活躍したスター選手が1人含まれているが、他の14人は大リーガーとなって活躍した男たちだ。たとえば、アーロンと同じように「野球の殿堂」入

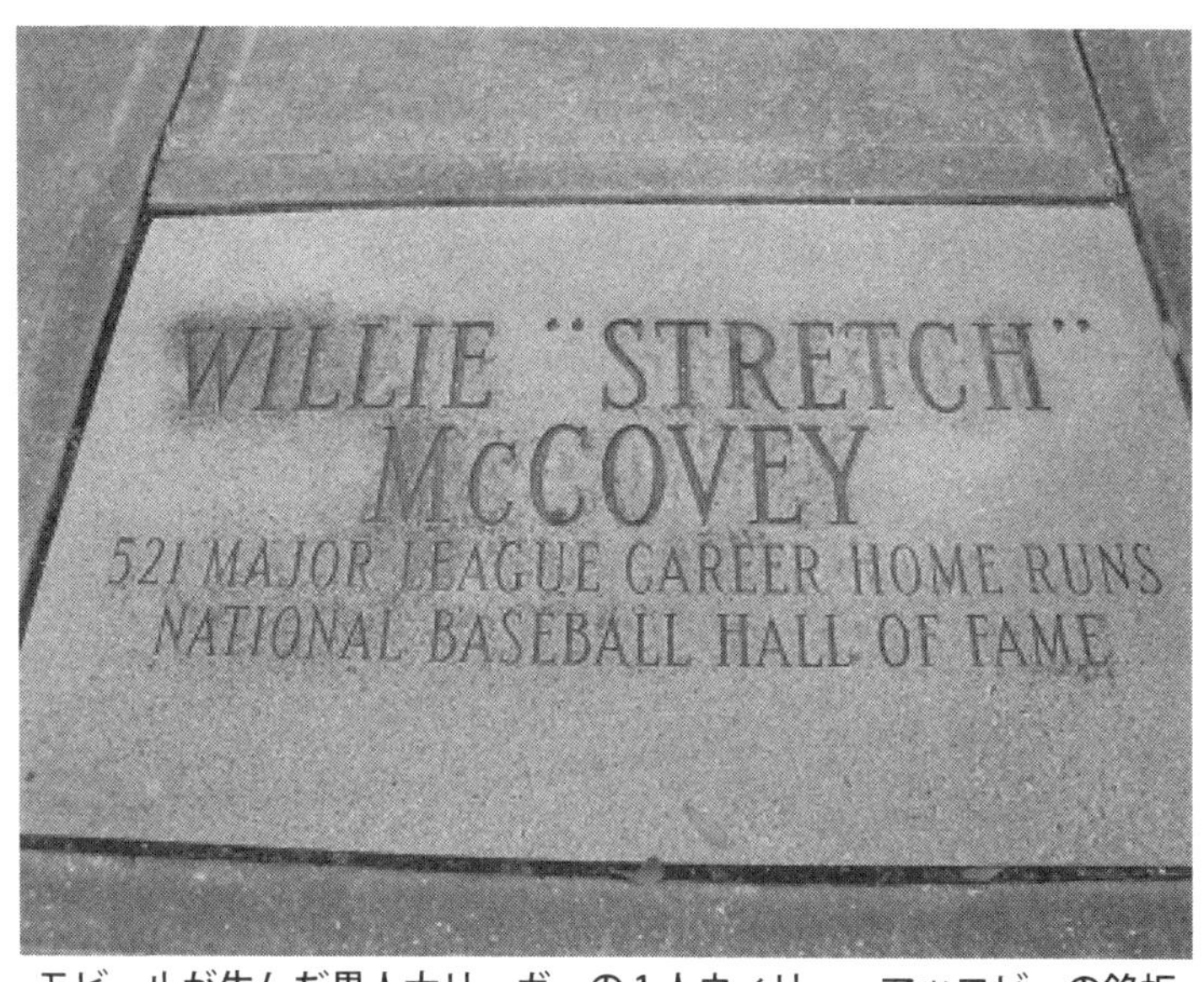

モビールが生んだ黒人大リーガーの１人ウィリー・マッコビーの銘板

りを果たした黒人大リーガー、ウィリー・マッコビーとビリー・ウィリアムズ。この2人はアーロンよりチョット年下にすぎない。

私は黒人だけが暮らす街、トゥールミンビルを去りながら思った。これからも優秀な野球選手がカーバー球場で育つのだろうか、と。

テキサス州スポーツ殿堂

テキサス州の中都市、ウェーコ。大都市ダラスから車で南下すれば1時間チョットで行くことができる。２０１１年、私はウェーコを訪ねた。

このウェーコ市に「テキサス州スポーツ殿堂」というものがある。立派な建物だが平屋だ。なんせテキサス州はダダッ広いので(全米でアラスカ州についで2番目に面積が広い。ちなみに日本全体の面積より広い)、わざわざ2階建てや3階建てにするくらいなら平屋のまま横に広げたほうがラクみたいなところがある。専用駐車場も日本人からすると羨(うらや)ましいくらい広いときている。

この「テキサス州スポーツ殿堂」の入り口前には星条旗と州旗(ローンスター、つまり1つ星が描かれた旗)がそれぞれヤケに高いポールに掲げられている。……米国では、こういう建物には必ずと言ってイイほど星条旗と州旗が掲げられている。米国はそういう国なのだ。

殿堂の中に入ると、いきなり〝アレ、なんだこれは?〟と思わせるものが目に飛び込んでくる。右側の広い壁一面に、この殿堂のために寄付をした大学の名前を記した銘板がたくさん並べて飾られているのだ。テキサス州の名の通った大学はほぼすべて揃っている感じ。

これで察しがつくと思うが、この殿堂には大きな特徴がある。学術的な展示も行われているという特徴。各大学が専用コーナーを持っていて、スポーツ教育、スポーツ栄養学、スポーツ医学といった分野に関する展示を行っているのだ。その内容たるや、どれもかなりレベルが高いので感心してしまう。

そうした大学のコーナーとは別に、各種スポーツのコーナーもある。ゴルフ、テニス、ボクシング、アメフト、ボウリング……と何でもありだ。

もちろん、野球のコーナーもある。このコーナーの入り口には、引退してから間もないクレイグ・ビジオ(3000本安打達成の名選手。20年間の大リーガー人生をテキサス州の大リー

星条旗と州旗が掲げられた「テキサス州スポーツ殿堂」

グ球団ヒューストン・アストロズだけで過ごし、２００７年で引退）を大きく扱ったショーウインドーがあり、ビジオのユニホーム、バット、グラブ、スパイクなどが展示されていた。そして奥に入っていくと、テキサス州と何かしら縁のある大リーガーたちの写真が展示されている。

そうした写真の中で私が一番気に入っているのは、ノーラン・ライアンのものだ。投球モーションに入ったところで左足を高く上げた独特の姿を捉えたもの。白黒写真のせいもあるのだろうが、なんとなく孤高な感じが漂っていて実にイイのだ。

テキサス州出身のライアンは大リーグの歴史に永遠に名が残る投手だ。４球団を渡り歩いたが（最後の2球団はテキサス州を本拠地とする球団）、通算奪三振５７１４、

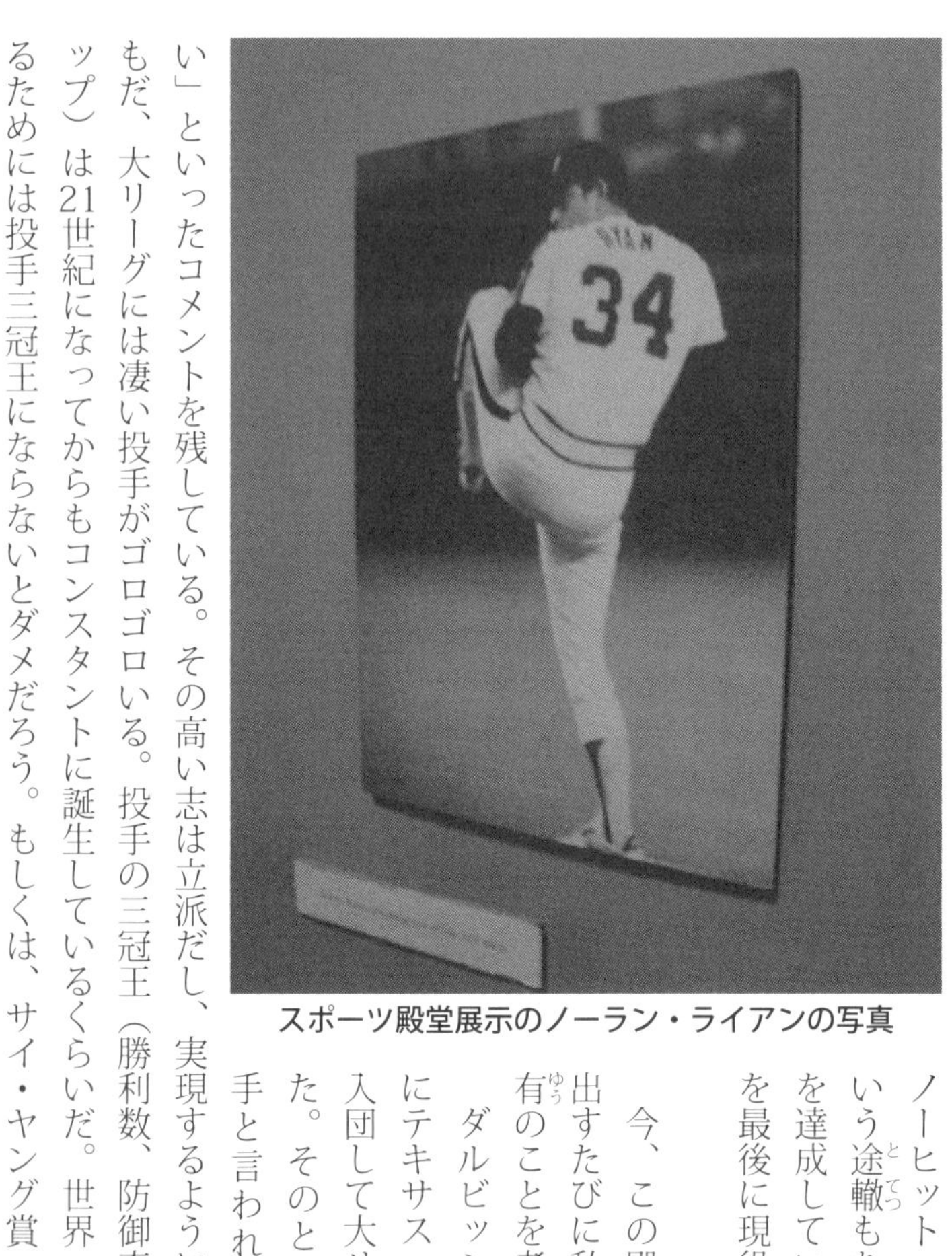

スポーツ殿堂展示のノーラン・ライアンの写真

ノーヒット・ノーラン7回という途轍もない大リーグ記録を達成している。１９９３年を最後に現役引退した。

今、この殿堂のことを思い出すたびに私はダルビッシュ有のことを考える。

ダルビッシュは２０１２年にテキサス・レンジャーズに入団して大リーグ人生を始めた。そのとき、「世界一の投手と言われるようになりたい」といったコメントを残している。その高い志は立派だし、実現するように応援したい。でもだ、大リーグには凄い投手がゴロゴロいる。投手の三冠王（勝利数、防御率、奪三振数でトップ）は21世紀になってからもコンスタントに誕生しているくらいだ。世界一の投手と言われるためには投手三冠王にならないとダメだろう。もしくは、サイ・ヤング賞（最優秀投手賞）

を受賞しないと。

投手の三冠王、サイ・ヤング賞受賞、どちらも達成するのは大変なことだ。ノーラン・ライアンは凄い投手だったけど、どちらも一度も達成できなかった。

ダルビッシュは2017年の途中からロサンゼルス・ドジャースに移った。その後、シカゴ・カブスを経て今はサンディエゴ・パドレスで活躍している。でも、テキサス・レンジャーズはダルビッシュが大リーガー人生を始めた球団だ。

いつか、「テキサス州スポーツ殿堂」にダルビッシュの写真が展示される日が来るだろうか。

誰かさんが先陣を切れば

2011年の日本プロ野球で凄いことをやってのけた選手がいる。埼玉西武ライオンズの中村剛也（なかむらたけや）。本塁打を48本打ってパ・リーグの本塁打王となったのだが、2位は25本だったので、その差は23本。本塁打でこれだけの差を2位につけるとはホントに凄いことだ。セ・リーグではウラディミール・バレンティン（東京ヤクルトスワローズ）が31本で本塁打王となっているので、中村の本塁打数は日本プロ野球全体では2位との差が17本ということになる。これも、けっこう立派なものだ。

大リーグの本塁打王の中にはもっと凄いことをやってのけた選手がいる。ベーブ・ルースだ。ルースは1919年に本塁打29本という大リーグの年間本塁打新記録を樹立した。そして、翌1920年にはもっと凄いことをやってのけた。一気に記録を伸ばして54本も本塁打を打ったのだ。ルースに次いで本塁打を打ったのは大リーグ全体でもジョージ・シスラーの19本だったので、その差は、ナント35本。

1921年もルースは本塁打を59本打って本塁打王となった。大リーグ全体でも2位は24本だったので、やはり差は35本。

本塁打で2位との差が35本というのは、もちろん大リーグ記録だ。こんな凄まじい記録を破る選手が将来登場するとは到底思えない。

でも、私には不思議に思えることがある。ルースがバンバン本塁打を打ち始めたとき、他の選手の本塁打はせいぜい10本台や20本台にすぎなかったのに、次第に本塁打をけっこう打つ選手が現れてきたことだ。たとえば、1922年からは30本台、40本台の選手がけっこうコンスタントに出現するようになった。ルースが年間本塁打60本という画期的な記録を達成した1927年には、2位のルー・ゲーリッグは47本も打っている。差は13本にすぎない。ルースが50本台しか打たなかったときよりも2位との差は大幅に縮まっているではないか。

こういう現象って、一体どういうことなのか？　できっこないと思われることでも誰かさんが先陣切ってやってしまうと、〝ひょっとすると、オレにもできるんじゃないか〟ということで次から次へとやってしまう人が現れるということなのか。もしそうだとしたら、ルースは他人の潜在的能力を引き出すということもやってのけたことになる。

周囲から嫌われないことが大事

米国は移民国家だ。で、実に多くの人種・民族の方々が暮らしている。そして最近、米国では異人種・民族間の結婚が顕著に増加している。白人と黒人、白人とヒスパニック系（簡単に言うと、スペイン語圏の中南米諸国出身の米国人のことです）、黒人とヒスパニック系……。

米国映画『マイファミリー・ウェディング』（２０１０年）は、黒人の青年とヒスパニック系の女性が結婚するというストーリーだ。２人が双方の家族を集めて結婚することを告げると、双方の家族ともビックリして猛反対するが、ハッピーエンドになるというコメディー。……こういう微妙な問題をコメディーにしちゃうあたりが、いかにも米国らしいとも言えるかもしれません。

この映画には、いがみ合う双方の家族が一緒に野球をするシーンがある。そのシーンで黒人の父親がヒスパニック系の父親に向かって、ヒスパニック系の大リーガー２人（アレックス・ロドリゲスとマニー・ラミレス）の薬物使用を仄めかした嫌みを言う。ここで当然、ヒスパニック系の父親は黒人大リーガー（たとえばバリー・ボンズ）だって薬物を使用してるじゃないかと言い返すかと思いきや、そういう反論をまったくしない。どうしてなのか私にはサッパリわからない。

さて。映画の中で黒人の父親が持ち出した薬物使用のヒスパニック系大リーガー、マニー・

ラミレス。薬物使用が最初に発覚してからも懲りずに薬物を使用し続けていたことが２０１１年４月に発覚して１００試合出場停止という処分が下されるや、まるで逃げるように引退してしまった。こういう男は周囲から嫌われるのが普通だが、ラミレスはチョット違う。しょっちゅう奇妙な言動もしているくせに、妙に憎めないところがあるのだ。そして２０１２年、ラミレスが現役復帰を希望するとオークランド・アスレチックスから声がかかり、50試合出場停止という条件ながら現役復帰が認められることになった。同じように薬物使用が問題となったバリー・ボンズは現役続行を希望してもダメだったのに。……そういえば、ボンズはラミレスとは違って周囲からヤケに嫌われていたっけ。

映画も現実も何が何だかサッパリわからないところがあるけど、周囲から嫌われないことが大事なのはたしかみたい。私たちも肝に銘じておいたほうがイイでしょうね。

私が感動で涙するとき

現役引退の仕方は大リーガーによって全然違うし、周囲の受け止め方も全然違う。たとえば、立派な成績を残した大リーガーと、そうでもない大リーガーでは全然違う。

では、立派な成績を残した大リーガーなら誰でも同じかというと、そんなことはない。引退の仕方も周囲の受け止め方も色々だ。

まず、引退の仕方。色々なパターンがある。ここいらあたりが潮時と自分で判断して引退表明するパターン。怪我（けが）をして引退せざるをえなくなるパターン。まだ現役を続けたいのに、どの球団も契約してくれないので引退せざるをえなくなるパターン……。こうした色々なパターンの中に、私には不思議としか思えないものが1つだけある。

それは、シーズンが始まる前に〝今シーズンが終わったらオレは引退するからな〟とハッキリ表明しておくパターン。こんなことを一体何のためにするのか不思議としか私には思えないのだ。ひょっとして、〝今シーズン限りでオレのプレーを見ることができなくなるんだからさ、今シーズンはよ〜く見ておけよ〟というファンへのお知らせなのか？　もしそうだとしたら、チョット傲慢（ごうまん）すぎるんじゃないですかねぇ。まぁ、出処進退は本人の勝手だから、どうでもイイことかもしれないけど。

さて。２０１２年のシーズン開幕前にこうしたことをした大リーガーか何人かいた。その中から超有名な２人をあげておこう。まずはチッパー・ジョーンズ。首位打者1回、最優秀選手1回という名打者。でもジョーンズは２００８年、スイッチヒッターの大リーグ年間打率最高記録に僅か1厘差で及ばなかった。次はオマー・ビスケル。守備が上手い選手に与えられるゴールドグラブ賞を11回も受賞している名遊撃手。でもビスケルは２００３年、右膝の怪我と手術の影響で出場試合が僅か64試合なんてことさえなければ通算安打３０００本を達成できた可能性がある。

ところで。大リーグ球団が契約してくれなくても野球を続けた野茂英雄（のもひでお）は、突然引退した。

その際、野茂は大リーグで年間奪三振王に2回なったことがあるにもかかわらず「悔いが残る」と言った。この言葉に私は感動して涙を流した。

ジョーンズとビスケルは引退するとき〝悔いが残る〟とは言わなかった。私が感動して涙を流す他の言葉も。

もう二度と現れない投手

大リーグで投手が年間三冠王を達成するのは大変なことだ。なんせ、名投手がひしめいているのに、勝利数、防御率、奪三振数の3部門でトップを独占するわけだから。

近代大リーグでは、1901年にサイ・ヤングが初めて達成。そして、2024年までに25人が計35回達成している。これでおわかりのように、こんな大変なことを複数回達成した投手がいるわけだ。7人。2回達成が4人、3回達成が3人。しかし、この7人のうちで私が最も凄いと思うのは2年連続で三冠王を達成した投手だ。4人しかいない。グローバー・アレキサンダーが1915年、16年と連続して達成したのが最初だ。ちなみに、三冠王を達成した翌年には3部門のどれ1つでもトップになれなかった投手もいるくらいだから、三冠王を2年連続で達成するのが如何に大変かわかると思う。

ここで、最近の状況を見てみよう。21世紀になってからの状況だ。

21世紀になってから2024年まで三冠王を達成したのは7人。この7人の投手の中で複数回達成した投手は1人もいない。三冠王を達成した翌年はどうだったのか？　3部門のうちどれか1つでもトップになった投手は2人だけ。……7人のうち2024年に三冠王となった投手が2人いるので、この2人に関しては2025年がどうなるかを見極めないといけないけど。

つまり、最近は投手が2年連続で三冠王になるのが大変なのは当たり前のうえに、翌年に3部門のうち1つでトップになるのすら大変なのだ。

最後に、前記した史上初めて2年連続で三冠王となったアレキサンダーについて。実は、このアレキサンダーの伝記映画がある。『The Winning Team』（1952年）。アレキサンダー役を演じているのは、ナント、のちに（1981年）第40代大統領となったロナルド・レーガン。

2年連続で三冠王になるだけでも大変なんだから、そのうえに、のちに大統領になる人物が演じる伝記映画を製作してもらえるなんて投手は二度と現れっこないですね。

物の価値は人によって違います

米国映画『コップ・アウト』（2010年）。主人公はニューヨーク市警の刑事だ。

主人公は娘の結婚式の費用4万8000ドルを工面するために父親が残してくれた物を売ることにする。それは、大事に保存されていたので新品同様に見える野球カードだ。アンディ・パフコという大リーガーの姿が掲載されただけと言ってもイイような小さなカード。そんなもので結婚式の費用の工面ができるのかと不思議がる同僚に主人公は説明している。「1952

年にトップス社というガム会社が野球カードのセットを作ったが、そのセットの第1番目がアンディ・パフコのカードだったので、新品同様に保存されていれば価値がかなり高い。売れば8万ドルくらいにはなる可能性があるのだ」と。

では、この話は本当のことなのか、それとも映画のために考え出したことなのか？　答えは、本当のこと。主人公はおおむね正しいことを言っているのだ。アンディ・パフコという大リーガーは実際に存在していて、立派な成績を残したわけではないが、主人公が説明した理由でカードの値打ちがけっこう高いのだ。

米国には野球カードのマニアが大勢いて、かなりの金額で売り買いされることも珍しくない。日本でも野球カードはあるし、そのマニアもいる。でも、米国の野球カード熱と比べると負けると言ってイイだろう。

ところで。1952年にアンディ・パフコのカードを作ったトップス社が2012年、ダルビッシュ有とカードを作る独占契約を結んだ。数十年後の将来、ダルビッシュのカードに高い値がつくことを私は願っている。もちろん、アンディ・パフコとは違って立派な成績を残した大リーガーのカードだからという理由でだ。

こういうことって、野球カードに興味がない人には（そういう人がほとんどだと思うけど）どうでもイイこととしか思えないでしょうね。私は大リーガーのカードについて一通りの知識は持ち合わせているけど、カードに興味があるわけではない。でも、興味を持っている人を笑ったりしない。興味の対象は人それぞれだから。

野球カードには興味がない私だって、新品同様に見えるように大事に保存しているものがたくさんある。野茂英雄の写真入りテレホンカード、日興コーディアル証券が作ったイチローの写真入りカレンダー……。

一言も喋（しゃべ）らなかった男

SETH SWIRSKY著『EVERY PITCHER TELLS A STORY』（邦訳なし）。著者の質問に対して大リーグの投手が答えた内容が主に記されている。先日の夜、この本をベッドに横になりながら読み返していた私は思わず〝う～ん〟と唸（うな）ってしまった。考えさせられることがあったからだ。

スティーブ・カールトンは1988年を最後に引退した大リーグの投手。通算勝利数329（史上第11位。左投手としては第2位）、通算奪三振4136（史上第4位。左投手としては第2位）、サイ・ヤング賞（最優秀投手賞）受賞4回、「野球の殿堂」入りも果たした歴史に残る名投手だ。

ところが、カールトンは極めてユニークなことでも歴史に残る。メディアとの関係が芳しくなく、何年間にもわたってメディアに対して喋らなかったのだ。一言も。こんな大リーガーは他にはいないのではないか。少なくとも、これほどの名選手では間違いなく1人もいない。

では、そんなことになった理由は？　前述の本で著者の「どうしてメディアに何も語らないと決めたのか」という質問に本人が引退後に答えている。「何か1つのことが理由でメディアに何も語らないという結果になったわけではない」。でも、こうも言っている。「選手の私生活について報道したり、選手に接する際の信頼を裏切ったり……」。

が、しかし、私が〝う～ん〟と唸ったのはカールトンの最後の言葉だ。「振り返ってみると、私がメディアに何も語らなくなってから、書かれることは良くなったし、創造性が豊かになったと思う」。

この言葉は超一流の大リーガーなのに何年間にもわたってメディアに対して一言も喋らないという勇気（？）を持ち得た男だからこそ言えることだし、含蓄に富んだものだと思う。特に、メディアの報道とは一体何なのかということについて。

おそらく、カールトンのような大リーガーは二度と現れないだろう。でも、私は想像してしまう。もし大リーガー全員が一斉にメディアに一言も喋らなくなったら、大リーグに関するメディアの報道は創造性に富んだものに変わり、ファンは熱狂するようになるのかも。……そんなことあるわきゃないか。

身内みたいなもんだから

「野球の殿堂」入りを果たすには大リーグで10年以上プレーし、現役引退後5年以上経ってから全米野球記者協会の記者投票で選ばれなければならないのが基本。必要得票率は75％。得票率が５％を下回ると次回の選考対象から外されてしまう。５％以上75％未満の場合は選考対象として残ることができる。ただし10回、つまり10年間だけ（毎年１回しか選考は行われない）。

２０１２年は得票率86・４％のバリー・ラーキンだけが選出された。

ラリー・ウォーカーは２０１１年から選考対象となったが、得票率は２０１１年20・３％、１２年22・９％。ウォーカーが好きな私はガッカリした。得票率５％を下回っていないので選考対象として残ったが、２回の低い得票率から悲観的になってしまった

ウォーカーは首位打者３回（１９９９年の打率は３割７分９厘。これは第２次世界大戦後の大リーグでは第５位という凄い打率）、本塁打王１回、ナショナル・リーグのＭＶＰ（最優秀選手）１回。「野球の殿堂」入りを果たしてもおかしくない立派な成績だ。では、どうして２回にわたって得票率がヤケに低いのか？

その理由は、ウォーカーの17年の大リーガー人生のうち９年余がコロラド・ロッキーズに所属していたことにあるのかもしれない。ロッキーズの本拠地球場クアーズ・フィールドは標高が高く（約１６００メートル）、空気抵抗が少ないので打球が飛びやすい。つまり打者有利の球場なので、ウォーカーの成績は割り引いて評価すべきだと全米野球記者協会の記者たちは考えたのかもしれない。たしかに、ウォーカーは打者有利の球場でトクをしたかもしれない。前述したタイトル獲得もすべてロッキーズ時代のものだし。

でも、ＭＶＰも全米野球記者協会の記者投票で決めるのにロッキーズ時代のウォーカーを１

回選んでるじゃないですか。守備が上手い選手に与えられるゴールドグラブ賞をウォーカーは7回も受賞してるじゃないですか。それでもダメなわけ？

さらに言いたいことがある。ウォーカーがカナダ出身ということだ。カナダ出身でMVPとなったのはウォーカーが初めて。カナダ出身で「野球の殿堂」入りは投手で1人だけで（ファーガソン・ジェンキンス）、野手はまだ1人もいなかった。で、こうした事情を汲んでウォーカーを何とか選んであげてよと私は思った。……それから、カナダと米国は国際電話の国番号が同じ「1」という不思議な関係というか、同盟国を通り越して身内みたいなもんなんだし。

ウォーカーは選考対象として残れる最終年の2010年、遂に得票率75％をクリアーして「野球の殿堂」入りを果たした。

本家を無視してイイのか

エドガー・マルティネス。シアトル・マリナーズだけで18年間の大リーガー人生を全うし、2004年で現役を引退した男だ。

マルティネスは首位打者2回（右打者で1990年代以降に首位打者2回は立派）、通算打率3割1分2厘、打点王1回という名選手だ。ところが、「野球の殿堂」入りの選考対象となった2010年から3年連続で落選していた。しかも、その間の得票率は36・2％、32・9％、

36・5％という低さ。必要得票率75％の半分に達したことすらなかったわけだ。

では、これほどまでに得票率が低かったのはどうしてなのか？　現役後半の10年間を守備にはつかずに打つだけの指名打者として主に過ごしたからかもしれない。守備の貢献がなさすぎるというわけだ。

そんじゃ、長年にわたって主に指名打者として過ごした大リーガーは誰も記者投票で「野球の殿堂」入りを果たしていなかったのか？　そんなことはない。１人だけいた。21年間の大リーガー人生を送って１９９８年で引退し、選考対象の条件を充たした２００４年にすぐ選ばれたポール・モリター。引退前の８年間を主に指名打者として過ごした。マルティネスと同じく右打者だが首位打者になったことは一度もないし、打点王も本塁打王も一度もなし。通算打率はマルティネスより低い３割６厘。ただし、マルティネスが達成していない３０００本安打を達成している（３３１９本）。この違いは大きいと言わざるをえない。……まぁ、この２人には他にも違いはあるけど。

でもだ、モリターは年間最優秀指名打者賞を２回しか受賞していないが、マルティネスは５回も受賞している（２０１１年、デビッド・オルティスが６回目を達成するまで大リーグ記録だった。オルティスはその後も回数を増やし８回。これは現在も大リーグ記録）。さらにだ、この賞はマルティネスの功績を讃えて２００４年にエドガー・マルティネス賞という名称に変更されている。ということはだ、マルティネスが指名打者の本家と言ってもイイではないか。

その本家を無視して他の指名打者を「野球の殿堂」入りさせたりするのはマズイことになるんじゃないですかね。

マルティネスは選考対象として残れる最終年の2019年、遂に得票率75％をクリアーして「野球の殿堂」入りを果たした。

ファーストマンとファーストネーム

人類史上初めて月面に立ったニール・アームストロングの伝記、ジェイムズ・R・ハンセン著『ファーストマン ニール・アームストロングの人生』（上下巻、2007年、ソフトバンククリエイティブ、訳・日暮雅通、水谷淳）。この本にアームストロングの人柄を偲ばせる微笑ましいエピソードがさりげなく紹介されている。

長女にカレンと名付けているのだが、これは少年時代の友人の妹の名前（カレン）に由来しているらしいのだ。

2012年、アームストロングの訃報に接したとき私はこのエピソードを思い出した。と同時に、有名な元・大リーガー2人のファーストネームが決まった経緯もフッと思い出した。

史上最高のスイッチヒッターのミッキー・マントル。父親が大リーガーのミッキー・カクレーンのファンだったので息子にミッキーと名付けたのは有名。さらに、父親はカクレーンの本名はゴードンでミッキーは愛称にすぎなかったことを知らなかったのも有名。……カクレーンは晩年、首位打者12回など凄まじい記録を残して〝球聖〟と称されるタイ・カッブから経済的援助を受けていたにもかかわらず、その恩を仇で返すような言動をしていた。ミッキー・マントルの父親はカクレーンがそういう男だということも知らなかったのだろう。

大リーグの通算本塁打記録を更新したバリー・ボンズ。父親のボビー・ボンズも大リーガーだが、息子が生まれたとき、15歳年上で大リーグ史上最高の万能選手ウィリー・メイズに息子の名付け親になってもらうことにした。……２０２４年に亡くなったメイズはバリー・ボンズのステロイド使用疑惑をどう思っていたのだろう？

ついでに、もう1人の大リーガーのファーストネームについて。

主にテキサス・レンジャーズでプレーし、２０２３年をもって引退したエルビス・アンドラス。このエルビスはエルビス・プレスリーと同じElvisだ。アンドラスにエルビスと名付けた人は有名な言葉を知らなかったのだろう。〝人類史上、ファーストネームだけで世界中で通じる男は2人しかいない。イエスとエルビス〟（イエスってイエス・キリストのことです。念のため）。プレスリーの熱狂的ファンの私は、エルビスというファーストネームの男がプレスリー以外にいるなんて許せない。……こりゃ無茶苦茶なイチャモンだ。ごめん。

エルビス・アンドラスに関しては、もう1つ言っておきたいことがある。

２０１２年９月15日、土曜日。仕事が休みだった私は自宅で大好きなＮＨＫ・ＢＳの大リーグ中継を観ていた。テキサス・レンジャーズの本拠地球場で行われたレンジャーズ対シアトル・マリナーズ戦。先発投手がレンジャーズはダルビッシュ有、マリナーズは岩隈久志という日本人投手対決となった試合だ。でも、それが記憶に一番残った理由ではない。……ダルビッシュと岩隈、ごめん。

２対１で迎えた８回裏、先頭打者のアンドラスが二塁打を打った。すると、ナント、球場内にエルビス・プレスリーの歌声が流れたのだ。曲名は『ALL SHOOK UP』（日本語タイトルは『恋にしびれて』）。

この二塁打からレンジャーズの猛攻が始まり一気に4点をとった。さらに2死満塁で打席に立ったのはまたしてもアンドラス。走者一掃の三塁打を打つと、またしても『恋にしびれて』が流れたので、私は考え込んでしまった。〝プレスリーのファンとしては粋な計らいで嬉しいよ。でも、選曲が良くないなぁ。たしかにノリのイイ曲だけど、歌詞は女性に恋い焦がれて浮き足立ってる男のことだぜ。プレスリーの歌の中には、もっとふさわしいのがあるのにさぁ〟。

私は、アンドラスが活躍したときにふさわしいプレスリーの曲を選んでレンジャーズにメールで伝えてあげようかと思ったくらいだ。……お節介がすぎると思ってやめたけど。

野球の勝敗は投手のデキの善し悪しで決まることが多い。で、優秀な投手を多く抱えた球団は有利ということになる。ワールドシリーズのような短期決戦となれば尚更そういうことになる。ところが……。

グレッグ・マダックス、トム・グラビン、ジョン・スモルツ。この３人はアトランタ・ブレーブス在籍歴がある名投手だが、１９９３年から２００２年までの10年間は３人一緒にブレーブスに在籍していた。……この３人の背番号はいずれもブレーブスの永久欠番となっている。

では、この３人が一緒にブレーブスに在籍していた10年間の凄さを簡単に紹介しておこう。マダックスはサイ・ヤング賞（最優秀投手賞）を３回受賞（しかも３年連続）、最優秀防御率４回（３年連続を含む）、最多勝利２回。グラビンはサイ・ヤング賞を１回受賞、最多勝利３回。スモルツはサイ・ヤング賞を１回受賞、最多勝利１回、最多セーブ１回、最多奪三振１回。これはもう圧巻としか言いようがない。この３人で10年間のうちサイ・ヤング賞５回、最多勝利６回ということになるのだから。大リーグ史上最高の三羽烏（さんばがらす）と呼んでもイイかもしれない。

こんな凄い三羽烏を擁したブレーブスなので、10年間のうち９回も地区優勝を遂げている。ところがだ、リーグ優勝となると３回だけ。ワールドシリーズ優勝にいたっては、たったの１回だけ（１９９５年）というのだから摩訶不思議（まかふしぎ）というか運が悪いというか。ちなみに。３人一緒に在籍していた10年間だけではなく、３人のうち１人でも在籍していた期間でもワールドシリーズ優勝は１９９５年の１回だけだ。

その1回だけのワールドシリーズ優勝にまつわる話を1つ。米国映画『最後の初恋』（2008年）は中年男女の恋物語だが、女性がスモルツの投球を真似しているそばで男性が「ワールドシリーズ最終戦、投げました。優勝です！」と言うシーンがある。これって、けっこう微笑ましいシーンだけど完全な間違い。1995年のワールドシリーズ優勝が決まった試合で最後に投げたのはスモルツではなくマーク・ウォーラーズという抑えの切り札だから。そして、スモルツは1995年以外にワールドシリーズ優勝の経験は一度もないから。

いくら恋物語だからって、ワールドシリーズについて変なことは言わないで欲しい。

ワールドシリーズ第6戦と人生

私は自分の人生を大リーグのワールドシリーズに重ね合わせたことなんて一度もない。ワールドシリーズと私の人生が妙に交錯したことも一度もない。ところが、そういうことが起こっちゃう人がいるみたい。私が知ってるだけでも2人いる。ただし、その2人とも米国映画の中の登場人物だけど。そして、どういうわけか、どちらも関わりがあるのはワールドシリーズの第6戦だ。

まず、『ライフ・イズ・ベースボール』（2005年）。タイトルからして野球こそ人生って感じで凄い。でも英語の原題は『Game 6』。直訳すると『第6戦』。……こういう原題を、他の英語を片仮名にしただけみたいな『ライフ・イズ・ベースボール』という日本語タイトルにするのがイイのかどうか意見は分かれるでしょうね。私の意見？　それは言いたくないです。

主人公はニューヨークで暮らす劇作家だが、大リーグ球団ボストン・レッドソックスの大ファン。けっこうイイ加減な男で、軽いノリで生きてきたので、仕事でも私生活でも追いつめられた立場になってしまう。そんな男が１９８６年10月25日、レッドソックスに自分の人生を重ね合わせて一発勝負に打って出る。その日は、レッドソックスがワールドシリーズ優勝に王手をかけて戦う第６戦が行われ、自分の新作がブロードウェイで初演される日だったのだ。……結局、レッドソックスは第６戦に負け、第７戦も負けてワールドシリーズ優勝を逸することになるが、主人公はどうなったのか？　それは映画を観てください。

次は、『グッド・ウィル・ハンティング　旅立ち』（１９９７年）。主人公の青年に中年男が自分の結婚相手との出会いを語るシーンがある。１９７５年10月21日、ワールドシリーズ第６戦のチケットを入手した男は球場近くの酒場で仲間たちと試合開始を待っていたのだが、美しい女性を見つけたので試合を観に行くのをやめた。……その日の試合は永遠に語り継がれることになる。延長12回裏にレッドソックスのカールトン・フィスクが劇的なサヨナラ本塁打を打ったのだ。

私は劇作家のほうが好きだ。何かにすがりたい人間の弱さを感じさせてくれるから。どんなに美しくても見知らぬ女性は自分とは無縁と考えて去って行くのが男が守るべき規範の１つと思うから。

ワールドシリーズから学ぶ教訓

昔、野球は昼間に青空の下で行うスポーツと誰もが考えていた。もちろん大リーグでも、すべての試合が昼間に行われていた。

大リーグでナイトゲーム（夜間試合）が初めて行われたのは1935年5月24日のシンシナティ・レッズ対フィラデルフィア・フィリーズ戦。当時のレッズの本拠地球場クロスリー・フィールドに照明装置が設けられたのだ。これを契機に、他の球場も照明装置を設けてナイトゲームを行うようになっていった。

ところで。大リーグの試合がナイトゲームとして行われることには反対の声があったらしい。たとえば新聞記者からは、翌日の朝刊への入稿締め切り時間までに記事が書けなくなるという反対の声。でも、こうした反対の声はさほど大きなものではなかったようだ。

さて。ボウイ・キューン著『コミッショナーは戦う』（1990年、ベースボール・マガジン社、訳・武田薫）によると、1971年からワールドシリーズにもナイトゲームを導入することになったとき、新聞記者からの反対の声は猛烈なものとなったようだ。前述の締め切り時間問題の他に、テレビとの競争問題があった。すでにワールドシリーズのテレビ中継は行われていたが、昼間の中継なので観ることができない人が多かった。学校や仕事があるから。でも、ナイトゲームのテレビ中継となると話は変わってくる。大勢のファンがテレビ中継を観ることができる。となると、新聞の売れ行きが悪くなってしまうというわけだ。

こうした反対の急先鋒に立ったのがレッド・スミス（１９８２年没）。有名新聞にスポーツライターとして雇われていたスミスは、多くの素晴らしいスポーツコラムを新聞に書いた。今、私の手元にあるスミスのスポーツコラムを読み返してもホントに素晴らしいと思う。スミスはスポーツライターとしてピュリツァー賞を受賞するという栄誉にも浴している。

人は誰でも間違えることがある。どんなに優秀な人でもだ。スミスも間違えたと私は思う。どんな事の是非を論じるとき、自分が属する組織を守ることを優先してはダメだと思うから。できるだけ多くの人をハッピーにさせる考えこそが正しいと思うから。そして、大勢の人がワールドシリーズをテレビ観戦できてハッピーになったと思うから。

ニューオーリンズの黒人少年

ダンサーや俳優として活躍したフレッド・アステア（１９８７年没。享年88）。私はアステアのタップダンスに魅せられていた。

若い人は知らないだろうが、アステアのタップダンスは絶品。米国にはアステア以外にもタップダンスの名手と言われる人が多いが、そういう人とアステアには決定的な違いがあると私には思える。わかりやすく言うと、アステアは力んだところがなく優雅だが、他の人は力みながら体操をしているように私には見えるのだ。

大リーグには本塁打をバンバン打つ強打者が多いが、1人だけ不思議な強打者だと私が思う男がいた。ジョシュ・ハミルトン。２００７年に大リーグにデビューし、２０１５年が大リーグでプレーする最後の年となった。９年間しか大リーグでプレーしていないわけだが、その間に首位打者1回、打点王1回、ＭＶＰ１回、本塁打30本以上の年が3回。２０１２年の本塁打43本はアメリカン・リーグでトップと1本差の2位だった。

左打席に立ったハミルトンは打つ前から力んだ感じがまったくなかった。本気で打つ気があんのかよとさえ思えるくらい。そして、物凄いスイングの速さとパワーで打っているはずなのに、そのときも本気で打ってんのかよと思えるくらい力んだ感じがなく、何だかしなやかな感じさえした。こんな強打者を私は他に知らない。とにかく、ハミルトンは他の強打者が持っていない何かを持っていたのだ。

私は真夏にジャズの都、ニューオーリンズに何度も行ったことがあるが、いつも見とれているものがある。貧しい黒人少年たちが施しのお金を貰うためにしているタップダンス。着ているのは短パンだけ。上半身は裸のまま。タップシューズなど買えないから履いているのはローラースケートだが、そのタップダンスは見事なのだ。力んだところがないのに、しなやかな躍動感が溢れている。

アステアも１９３７年製作の映画『踊らん哉』でローラースケートを履いて素晴らしいタップダンスを披露している。

ハミルトン（とアステア）は多くの大人が失ってしまう少年時代の何かを持ち続けていたに違いないと思う。

ハミルトンは麻薬とアルコールの中毒から立ち直って大リーグを代表するほどの強打者になった男だ。しかし、現役時代の２０１５年に再び薬物とアルコールに手を出してしまった。さらに、引退後にはトラブルを起こして逮捕されてしまったこともある。あまりに惜しい。あまりに悲しい。

3拍子、5拍子、そして6拍子

２０１２年、米国のジャズピアニスト、デイブ・ブルーベックが亡くなった。ジャズの大ヒット曲『テイク・ファイブ』でのピアノ演奏が最も有名と言ってイイだろう。実際、ブルーベック死去は〝『テイク・ファイブ』のピアノ演奏者死去〟といった風に報じられていたし。

私が『テイク・ファイブ』を初めて聴いたのは中学生のときだが、そのときの驚きと違和感は今でもハッキリ憶えている。もちろん、それには理由がある。

私は小学生のときに5年間ほどピアノを習っていた。ショパンのワルツをすべて弾きこなせるようになるのが夢だったのだ（さすがに5年間では無理だったけど）。そして、ショパンのワルツは3拍子だ。ところが、『テイク・ファイブ』は5拍子の曲ときている。で、初めて聴いたとき、〝おいおい、この曲はどうなってんだ？〟と思ったのだ。……念のために言っておくが、何度も聴いているうちに私は『テイク・ファイブ』が大好きになっている。

さて。私が野球に夢中になった子供の頃、〝3拍子揃った名選手〟という表現が良く使われていた。この場合の3拍子とは、走攻守。つまり、走って良し、打って良し、守って良し。ところが、いつの頃かは憶えていないが、大リーグでは〝5拍子揃った名選手〟という表現が使われていることを私は知り、驚くと同時に違和感を抱いた。

5拍子揃った名選手（英語では5 tool player：5ツールプレーヤーと言う）とは、①コンスタントにヒットを打てる、②パワーがあって本塁打など長打をけっこう打てる、③走塁が上手い上にスピードがある、④守備が上手い、⑤送球が上手い、という選手のこと。こんな贅沢なことを1人の選手に要求するのは酷なんじゃないですかねぇ。そして、こんな贅沢な条件を満たす選手なんてホンの僅かしかいないんじゃないですかねぇ。……イチローは②以外はバッチリだから4拍子揃った選手ということになる。

私の個人的意見を言わせてもらうと、10年以上にわたって完全に5拍子揃った状態だった選手はウィリー・メイズとバリー・ボンズくらいなもんだ。でも、バリー・ボンズはステロイドに手を出すなんてことをしたからダメ。５拍子＋ステロイドで６拍子になってしまったみたいなもんですからね。

大統領と野球と大リーグ

今回は、米国大統領と野球と大リーグについて考えてみたい。米国映画を通して。ナンデ映画を通してなのかですって？　映画は社会の過去・現在・未来を見事に捉えることがあるからです。たとえば、『ディープ・インパクト』（１９９８年）に登場する米国大統領は黒人ですよ。オバマが黒人初の大統領になる10年も前に予見しているなんて立派じゃないですか。

最初にとりあげる映画は『エアフォース・ワン』（１９９７年）。本筋に入るまえにチョット触れておくと、この映画では副大統領は女性です。ということは、カマラ・ハリスが女性初の副大統領になる20年以上も前に予見しているわけですね。

映画に戻ろう。モスクワで公務を終えた大統領はエアフォース・ワン（大統領専用機）に乗り込む。ところが、専用機はロシアのテレビ取材班を装ったテロリストたちに乗っ取られてしまう。でも、大統領だけは緊急脱出用ポッドで逃れた……と思わせて大統領は機内に隠れ、１人で反撃の機会を窺う（うかがう）（もう結末はわかったようなもんですね）。

テロリストたちのリーダーは余裕綽々（よゆうしゃくしゃく）だ。刑務所に入れられている独裁者を釈放しろという要求に見合うだけのものを機内で押さえてあるからだ。大統領の夫人と娘。補佐官を始め大勢のスタッフ。そして、大統領の野球のグラブも押さえてあるぞと米国側に電話で伝える。

専用機に野球のグラブを持ち込んでいる大統領なんてイイですねぇ。いかにも米国の大統領って感じがしますもんねぇ。これが、野球のグラブじゃなくてサッカーやアメフトのボールだったりしたらガックリしちゃいますよ。……気に障った方がいたらゴメンナサイ。

私は米国に出かけるとき、いつも日本から野球のグラブとバットを持参していく。米国で草野球をやっていたら一緒にプレーさせてもらうためだ。でも、機内持ち込みが許されるのはグラブだけ。バットは凶器にもなるので預け荷物。映画には出てこなかったけど、大統領専用機の場合はどうなっているんだろう?

次にとりあげる映画は傑作コメディー『元大統領危機一発 プレジデント・クライシス』(1996年)。主人公は大統領ではなく元大統領。しかも2人。

この2人はライバル同士で、犬猿の仲だった。ところが、ひょんなことから共同行動せざるをえなくなる。そして、本音で語り合うようにもなる。たとえば、〝大統領在任中に会うことができて一番嬉しかった人物は誰か〟といったことを話題にして。ちなみに、この話題では、1人は「ジョー・ディマジオ」と言い、もう1人は「エラ・フィッツジェラルド」と言っている。

ジョー・ディマジオ(1999年没)は白人男性で、大リーグ最高記録の56試合連続安打を達成した。エラ・フィッツジェラルド（１９９６年没）は黒人女性で、ジャズ界で語り継がれるトップ歌手。白人と黒人、男性と女性ときちんと分かれているあたりが米国映画らしいところです。もちろん、大リーガーとジャズ歌手となっているのも。

最後にとりあげるのは『スーパー・チューズデー　正義を売った日』（２０１１年）。民主党の大統領候補に立候補した男とそのスタッフを描いた映画だ。

大リーガーを目指したこともあるジョージ・クルーニーが製作・監督・脚本を手がけ、自ら出演もしているだけあって、実在した大リーガーの名前がさりげなく出てくる。しかも、絶妙なタイミングで。

遊説のために乗った飛行機が激しく揺れるシーンでの会話だ。スタッフは飛行機の揺れなど気にならないようで、〝正しいことをしていれば悪いことはおきない〟みたいなことを言う。しかし、ボスは〝ロベルト・クレメンテの人道的飛行の例もあるぞ〟と言って皮肉っている。

１９７２年、クレメンテは大リーグでの通算安打をジャスト３０００本にしてシーズンを終えた。栄光の真っ直中だった。ところが、その年の大晦日、ニカラグアの地震被災地に自ら救援物資を送ろうと乗り込んだ飛行機が墜落して死亡した。

有名な大リーガーのことを知らないと、大統領を目指す人物が言うことの意味がきちんと理解できないかもしれないわけですね。

歩く姿だけでわかるけど……

私は野球選手が右利きか左利きかにヤケにこだわっている。そうしたこだわりに関係したことを書いておこうと思う。

話を進める前に言っておかなければならないことが2つある。まず、私が利き腕にこだわっているのは野球選手に対してだけではない。すべての人の利き腕にこだわっている。次に、私は利き腕が左右どちらの人に対しても偏見など持っていない。好き嫌いもない。右利きなのに左打ちといった野球選手に対してもだ。

さて。私は特技を持っている。何の役にも立たない特技だけど。実は、私は左利きの人を歩く姿だけで見抜けるのだ。私の前でチョット歩いてくれさえすれば、すぐに左利きと見抜くことができる。左利きの人は右利きの人とは歩く姿が違うからだ。ただし、字を書くのも左手、食事のときに箸（はし）を持つのも左手という人に限るけど。私はこれまで、初対面の左利きの人に向かって「あなたは左利きですね」と言って驚かせたことが何度もある。……歩く姿がどう違うかを説明するとなると相当な字数を必要とするし、それでもご理解頂けない可能性もあるので省略しますけど、ホントに違うんですよ。

ところで。〝野球では左打ちのほうが右打ちより安打を数多く打てる可能性が高い〟とよく言われる。その理由として色々なことが言われているが、左打席のほうが一塁に近いのでバットを振った後に早く一塁に到達できるというのもその１つだ。

たとえば、日本プロ野球界で年間安打２００本以上を達成した日本人選手は４人いるが、右打ちは１人もいない。３人が左打ち、１人がスイッチヒッター（右投手に対しては左打席、左投手に対しては右打席で打つ選手）。ここで興味深い事実がある。この４人とも右利き（右投げ）ということだ。ところが、日本プロ野球界では年間安打２００本以上を達成した助っ人外国人選手が２人いるのだが（大リーグでレギュラーの座を失った２人だ）、この２人とも右投げ右打ちときている。……この事実は、日米の野球の違いとして認めなければならないだろう。

日米の野球の違いはこれだけにとどまるわけではない。他にもある。それは、私が歩く姿で左利きの人を見抜けるのは日本人の場合だけで米国人の場合はまったく見抜けないことと関係しているに違いないと思っている。

米国人は利き腕がどちらであろうが歩く姿に違いがないのだ。少なくとも私が見抜けるほどの違いがない。どうしてなのか？

食事のときに箸を持つ手は実に細かい操作をするが、もう一方の手は食器を持ちあげる程度。でも、ナイフとフォークの食事では両手をけっこう使うし、スプーンは箸のような細かい操作を必要としない。平仮名と片仮名と漢字からなる日本語の文章を書く場合は、その数多くの文字に合わせて手を縦横無尽に動かし回転させる必要がある。一方、英語の場合はアルファベット26文字だけ。つまり、米国人は食事と筆記という日常生活で日本人ほど利き腕に負担をかけず、両手をけっこう均等に使っている。で、利き腕がどちらであろうが歩く姿に私が見抜けるほどの違いが生じない。……これは私の個人的な考えにすぎない。そして間違った考えかもしれない。

日米の野球界いずれにも右利きなのに左打ちの選手、もしくはスイッチヒッターがけっこういるが、こうした選手に関して日米で大きな違いがある。日本では安打は多く打てても本塁打はさほど打てない選手が多いのに、米国では本塁打もバンバン打てる選手がヤケにいるのだ。

わかりやすい例が三冠王（打率、本塁打、打点でトップ）。近代大リーグでは12人が計14回、日本プロ野球界では8人が計12回達成しているが、そのうち右投げ左打ちもしくはスイッチヒッターは近代大リーグでは5人計6回もあるのに、日本プロ野球界では2人計3回だけ。しかも、そのうちの1人で2回達成しているのは右投げ左打ちの助っ人米国人ランディ・バースときているのだ。日本人では右投げ左打ちの村上宗隆（むらかみむねたか）の1回だけ。

では、この日米の違いの理由は何なのか？　さきほど述べた私の考えに従えば、米国人は日常生活で日本人より両手を均等に使っているので、右利きでも左打席でバットを正確に、かつ力強く振ることができるからということになる。

本当の理由は私の考えとは違う可能性が大いにある。それでも、私は自分の考えに固執したい。私の考えは小学生のときに芽生え、50年以上も変わらなかったのだから。

ここまでは打者についてだったが、投手に関してはどうなのか。右投げの投手（右腕投手）と左投げの投手（左腕投手）にはどんな違いがあるのか？　こんなことを素人にすぎない私が語るなんて生意気だ。で、語らない。……友人たち相手には喋りまくってるんだけど、公の場ではチョットねぇ。

というわけで、ここでは左腕投手のトリビア（？）を紹介するだけにしておきたい。誰も指摘していないことだと思うので。……すでに指摘されている方がいらっしゃったら、お詫びします。

それは完全試合に関することだ。投手なら誰もが〝一度は〟達成したいと夢見る、打者を１人も塁に出さずに勝利する完全試合。そう、文字通り〝一度は〟だ。私が何度も言っていることだが、完全試合は実力だけで達成できるわけではなく、神が微笑んでくれないとダメ。そして、神は１人の男に二度は微笑んでくれないのだ。実際、日本プロ野球界でも大リーグでも完全試合を二度達成した投手は１人もいない。

日本プロ野球界ではこれまで16人が完全試合を達成しているが、15人が右腕投手。つまり、左腕投手は１人（金田正一（かねだまさいち））しかいないのだ。これってけっこう意外で驚きません？

この事実を意外とは思わずに私にケチをつける人がいるかもしれない。〝先発投手は左腕投手より右腕投手のほうが多いんだから、そういう結果になるのは当たり前だ〟と。ところがですね、20世紀から始まった近代大リーグでは完全試合を22人が達成しているんですけど、7人もが左腕投手なんですよ。近代大リーグだって日本プロ野球界と同じように先発投手は左腕投手より右腕投手のほうが多いのにですよ。

つまり、ひょっとすると日米では左腕投手の存在意義に違いがあるのかもしれません。……こんなことを完全試合を達成した投手の人数だけで言うのは生意気ですが、ご容赦頂ければ幸いです。

第4章　『フィールド・オブ・ドリームス』

どこから来たのかわからない

春といえば大リーグのスプリング・トレーニングの季節だ。……日本ではスプリング・トレーニングのことを〝春季キャンプ〟と呼ぶことが多いので、ここでもそうする。

さて、大リーグの各球団は昔、春季キャンプを好き勝手な場所で行っていたようだ。あっちゃこっちゃテンデンバラバラといった感じ。オクラホマ州やアーカンソー州で行っていた球団もあったというのだから驚く。……べつに驚かなきゃいけないというわけではありません。私は驚くというだけのことです。

でも、全球団がフロリダ州（米国の東側にある州）とアリゾナ州（米国の西側にある州）のどちらかで春季キャンプを行うようになった。同じ州内で春季キャンプを行う球団が多ければオープン戦（練習試合）をするのも簡単で便利なのだ。……フロリダ州で春季キャンプを行っている球団同士のオープン戦はグレープフルーツ・リーグと呼ばれ（グレープフルーツはフロリダ州の名産）、アリゾナ州のほうはカクタス・リーグと呼ばれる（カクタス、つまりサボテンはアリゾナ州の名物）。

全球団がフロリダ州とアリゾナ州のどちらかで春季キャンプを行うようになったとはいえ、長い間にわたってフロリダ州で行う球団のほうが多かった。でも、フロリダ州からアリゾナ州に変更する球団が次第に増え、２０１０年には半々となった。

春季キャンプ地をフロリダ州からアリゾナ州に変更した球団の中で一番有名なのはロサンゼルス・ドジャースだろう。ドジャースは１９５８年に本拠地をニューヨークのブルックリンからロサンゼルスに移す前から、フロリダ州ベロビーチに「ドジャータウン」という有名な施設を造り、そこで春季キャンプをずっと行っていた。ところが、２００９年から春季キャンプ地をアリゾナ州に変更してしまったのだ。これはドジャースのファン、特にブルックリン時代からのファンにはショックだったようだ。本拠地も春季キャンプ地も遠い西の地に移ってしまったのだから。

米国映画『フェイク』（１９９７年）。ブルックリンのマフィアの男が「アイツはどこから来たんだ？」と尋ね、相手が「フロリダでドジャースが春季キャンプをするところ」と答えるシーンがある。この科白（セリフ）の意味を正確にわかる人が減っていくんでしょうね。……アイツはどこから来たことになるんでしょうね。

見なければ良かったと思う

２０１３年、大リーグの巨星が逝った。スタン・ミュージアル、享年92。

ミュージアルは現役時代の22年間をすべてセントルイス・カージナルスという1球団で過ごした。その間に残した記録は偉大で素晴らしい。首位打者７回、16年連続で打率３割以上を達成……。

ミュージアルの死については、米国だけではなく日本でも多くのメディアが伝えていた。〝偉大で素晴らしい男が亡くなった〟という風にだ。こうした訃報(ふほう)に接した多くの方々がコメントを書いていた。

私は8歳のときに大リーグの熱狂的ファンとなった男だ。で、私も書いておきたい。訃報に接したときに考えたことを正直に。

1958年の秋、セントルイス・カージナルスが来日して日本のプロ野球選手たちと対戦した。11歳だった私はナマ観戦した。もちろん、一番のお目当てはミュージアルだった。ナマ観戦中、ミュージアルだけをずっと見つめていたと言ってもイイくらいだ。試合が終わったとき、私はチョット失望していた。〝ミュージアルって、言われているほど偉大で素晴らしいのかなぁ〟と。

その年、ミュージアルは第2次世界大戦後の大リーグでは初めて通算安打3000本を達成した男になっていた。16年連続で打率3割以上も達成していた。でも37歳だった。……翌年の打率は2割5分5厘に急降下。5年後には現役引退。

私は全盛期を終えたミュージアルをナマで見てしまったのだ。正確に言うと、全盛期を終えたミュージアルしかナマで見たことがない。

もしナマで見ていなかったら、ミュージアルが残した記録は知っているので、訃報に接したときには〝凄いなぁ、ホントに偉大で素晴らしい大リーガーだったんだなぁ〟という感想しか持たずに済んだと思う。

では、全盛期を終えたミュージアルだけではなく全盛期のミュージアルもナマで見たことがあったとしたら？　訃報に接したときには〝凄いなぁ、偉大で素晴らしい大リーガーだったなぁ〟と思ったに違いない。

野球は記録（数字）がすべて、と言う人がいる。私も、そういう類の言葉を吐くことがある。でも、私の心を決めるのは数字（記録）だけとは限らない。実際に自分で見て記憶したものも心に大きな影響を与えるから。……少年時代に見て記憶したものは特に。

名優ゲーリー・クーパーの科白（セリフ）

つい最近、私は自分の不明を恥じた。野球に関する米国の言葉を狭い意味でしか理解していなかったと気付いたのだ。そのキッカケは或る米国映画のＤＶＤ（英語音声と日本語字幕だけ）を観たこと。

『群衆』（１９４１年）。監督はフランク・キャプラ（１９９１年、94歳で死去）。……キャプラが監督した映画はどれも、今になって観るとストーリーはダサイ感じだし、結末はあまりにもデキすぎな感じがする。それでもキャプラが高らかに謳（うた）いあげた、米国社会が目指すべき理想と米国人が抱くべき夢と希望はきちんと伝わってきて胸がキュンとなる。『群衆』もそういう映画だ。主人公を演じているのは、私が大好きな名優ゲーリー・クーパー。

クーパーが演じる『群衆』の主人公は野球選手だ。では、どういうレベルに属する野球選手なのか？　クーパーが吐く科白はこうだ。「bush league」。日本語字幕は〝2軍〟と訳している。つまり、大リーグよりランクが下のマイナーリーグに属しているということだ。

私は驚いてしまった。この英語は〝プロらしくない、あるいはスポーツマンシップに反するようなことをする球団や選手〟という意味のスラングだと思っていたからだ。

私はすぐに調べてみた。やっぱり、私が思っていた通りの意味のスラングとして使われている。でも〝マイナーリーグ〟、つまり〝2軍〟という意味としても使われていることがわかった。……外国語を正しく理解するのはホントに難しい。特にスラングが絡んだ場合はお手上げ。

ところで。大リーグの英語はmajor league（メジャーリーグ）。正確にはmajor league baseballだが、baseball（野球）を省いても米国人に意味はきちんと通じる。

大リーグを意味する英語は他にもある。big League（ビッグリーグ）。こちらもbaseballを省いて使うことが多い。

ビッグは大きいを意味すると誰でもわかるので大リーグという日本語にピッタリな感じですね。

米国人が書いた小説やコラムでは、今も昔も大リーグのことをbig leagueと表現しているものが実に多いです。有名なところでは、アーネスト・ヘミングウェイの『老人と海』。この小説でヘミングウェイは大リーグのことをbig leagueと書いています。

〝爆発〟の方法、〝爆発〟という言葉

大リーグはナショナル・リーグとアメリカン・リーグの2リーグ制となっている。そして、テキサス州ヒューストンの大リーグ球団ヒューストン・アストロズは２０１２年までナショナル・リーグに所属していたが、２０１３年からアメリカン・リーグに所属することになった。

そのアストロズの試合を２０１３年にテレビ観戦していた私はフッと思った。〝そういえば、あの球場はどうなっているんだろう？〟と。

１９６５年から９９年までアストロズが本拠地球場として使用していたアストロドーム。史上初めて建造された密閉式（屋根付き）球場として有名なものだ。

アストロドームの取材と写真撮影に出向きたかったが、どうしても渡米の都合がつかない。ところがラッキーなことに、女房が仕事でヒューストンに出かけることになった。で、女房に取材と写真撮影を頼んだ。

では、女房の取材報告。〝周りに大きな建物ができてしまったせいか、昔に比べると小さく見えます。イベントがないときには周囲にバリケードがあって敷地内にも入れないようです。利用率が低いわりには維持費がかかるので壊すことを考えてもいるようです〟。これだけ。

次に写真。遠くから撮影しているのでアストロドームの様子がわかりにくいし、アングルが良くない。ようするに〝芸〟がない。

女房の撮影によるアストロドーム

でも女房の渡米は私のためでも大リーグのためでもなく、仕事のためなので〝芸〟がなくても仕方ない。

ここで、お口直し（?）に余談を。

米国では建物を壊すとき、周囲に影響が及ばないように建物を内向きに爆発させることが多い（そういう映像をご覧になったことがありますよね?）。もしアストロドームを壊すことになった場合もそうするに違いないと思う。かつて、そういう壊し方をした球場が実際にあるし。

爆発の英語はexplosion。でもexは〝外に向かって〟という接頭語なので、正確には周囲に飛び散る爆発。内向きの爆発の場合は、〝内向き〟という接頭語を使ってimplosion。米国では、この2つの英語を普通の報道でもきちんと使い分けている。

もちろん、球場を内向きに爆発させて壊すときはimplosionだ。

この2つの英語に相当する日本語は一応あるようだが、ほとんど知られていない（と思う）。

……必要ないからですかね？

背番号が〝完全数〟の投手

小川洋子著『博士の愛した数式』（新潮文庫）。この小説が2003年に世に出たとき、私はすぐに読んだ。そして、ひっくり返るほど驚いた。野球と数学を絡ませて超弩級（ちょうどきゅう）の傑作小説を書いた著者の才能にだ。

この小説の主人公は阪神タイガースのファンだが、特に投手の江夏豊（えなつゆたか）の大ファン。ちなみに、江夏の背番号28が〝完全数〟であることにも大きな意味がある。〝完全数〟が何だかわからない人は、この小説を読むか自分で調べてください。……大リーグの歴史は長いが、阪神タイガース時代の江夏ほどの魅力を私に感じさせる投手で背番号が完全数という大リーガーは1人もいない。

ところで。私は友人たちから訊かれることが多い。「野茂英雄（のもひでお）が大リーガーになる前の日本のプロ野球で大リーグでも通用した選手は誰だと思う？」と。こんなこと訊かれても答えようがないので答えない。だって、勝負事は実際にやってみないとわかんないんだから。でも、何も答えないのは癪（しゃく）なので、私はこう言っている。「大リーグでプレーして欲しかったたってオレが一番思うのは阪神タイガース時代の江夏だよ」。
私は昔から巨人ファンだが（正確には長嶋茂雄（ながしましげお）の熱烈ファン）、阪神タイガース時代の江夏ほど私を魅了した日本人投手はいない。凄まじいとしか言いようのない速球を投げていた江夏。いつもマウンド上で〝主役はオレだ。なんか文句でもあんのか〟というような立ち居振る舞いをしていた江夏。それでいて、不思議と可愛い感じがした江夏。

繰り返すが、勝負事は実際にやってみないとわからない。でも、阪神タイガース時代の江夏は大リーグで通用したどころか大リーグ記録を塗り替えることまでやってのけたのではないかと私は秘かに思っている。

大リーグの投手で江夏と同じような速球を投げ、マウンド上で江夏と同じような立ち居振る舞いをし、江夏と同じような可愛げを私に感じさせたのは、通算奪三振数5714という大リーグ記録を樹立したノーラン・ライアンだけだ。だったら、阪神タイガース時代の江夏だって……と私は思わざるをえない。

人違いをしてしまう危険

日本と米国では文化が違う。
文化などという大袈裟（おおげさ）なものではなく、チョットした段取りとか風習といったものにも違いがある。これを知らないとエライ目に遭うことがある。かなり知られている例としては、米国では人を呼び寄せるときは手の甲を下にして手招きしないとダメ。手の甲を上にしてやると、〝あっちに行け〟と合図していると思われてしまう。これはホントにそう。私もこの失敗をして、相手をドンドン遠のかせてしまったことがある。

ではここで、意外と知られていない例を1つ。数字の書き方だ。

米国で数字が書かれたメモを渡されたとき、私は必ず声を出して読んで確認をとることにしている。そうしないと数字を勘違いしてしまう危険があるから。一番危ないのが4と6。米国人の書いた4と6は日本人が見ると実に紛らわしいことが多い。4を一筆書きで書いたような6を書く人が多いから。次に危ないのが8と9。9の最後の跳ね上げ部分を丸の部分に近づけ過ぎて8みたいになることがあるのだ。これもホント。電話番号が書かれたメモを頼りに電話をかけても通じなかった経験を私は何回かしている。

ところで。大リーグの30球団ではユニフォームのデザインや色がそれぞれ違う。これは球団の特色を出すためにも実にイイことだと思う。でも、背番号の数字の書き方も球団によって違うのでチョット困ることがある。ヤケに紛らわしい数字の書き方をしている球団があるのだ。

たとえば、ボストン・レッドソックス。2007年、レッドソックスに入団した松坂大輔(まつざかだいすけ)投手の背番号は18となった。前年の2006年からレッドソックスの一員となっていたジョシュ・ベケット投手の背番号は19。そして、ベケット投手の19は遠目には18と区別がつかないくらい最後の跳ね上げが丸に近づいているのだ。で、私はマウンドに立ったベケット投手を松坂投手と勘違いしてしまうことがあった。……これは、もちろん嘘。2人の体形の違いは一目でわかるから。

でも、この2人が一緒にレッドソックスに所属していた2012年途中までの約6年間、私はいつも2人の背番号が気になって仕方なかった。

全球団が背番号の数字の書き方を統一してわかりやすくすればイイ？　米国にそういうことを期待するのは無理でしょうね。

ホワイトソックスの永久欠番

大リーガーの代理人（エージェント）は、球団との細々とした契約交渉を代行したり、選手が思う存分実力を発揮できるように生活環境を調えてあげたりするのが仕事。選手だけではなく、選手の家族の面倒を見てあげることだってある。もちろん、エージェントは安い金でそんなことをしてあげるわけではない。選手の契約金や年俸からかなりの額を頂戴することになっている。エージェントが選手のために頑張って高額の契約金や年俸を手に入れてあげれば、エージェント自身の実入りも良くなるというわけだ。

米国映画『ザ・エージェント』（1996年）。我々がなかなか窺（うかが）い知ることのできないエージェントの世界を描いてくれている。デキのイイ映画で、かなり面白い。

主人公が勤める会社では33人のエージェントが働き、1685人のスポーツ選手の仕事をしている。けっこうえげつない会社で、選手のことを親身になって考えてあげるなんてことより、とにかく金。できるだけ多くの選手とエージェント契約を結び、ドンドン金を稼ぐことが最優先。……こういう会社ってホントにありそうだけど、何となく憎めないところもありますね。とりあえず本音丸出しなわけだから。

ところで。この会社とエージェント契約しているらしい選手たちのユニホームが社内の壁に飾ってある。大リーグ球団ニューヨーク・ヤンキース、ボストン・レッドソックス、シカゴ・ホワイトソックスなどの選手のユニホームも飾ってあるが、当然、選手の名前はわからないように配慮してある。……と思いきや、大リーガーの名前がわかってしまうものがあるのだ。たとえば、背番号が35とはっきりわかるシカゴ・ホワイトソックスのユニホーム。この映画が製作された１９９６年、ホワイトソックスで背番号35といえばフランク・トーマスに決まっているのだ。

トーマスは２００８年を最後に現役を引退した名選手。この映画が公開された１９９６年の前から凄い強打者として知られていて、１９９３年と９４年にはアメリカン・リーグの最優秀選手にも選ばれている。２００６年に引退したが、通算本塁打５２１本。背番号35はホワイトソックスの永久欠番。２０１４年には「野球の殿堂」入りも果たしている。そんな選手がこんなえげつない会社とエージェント契約していることにしてイイのかいなと思うけど、まぁイイんでしょうね。

1977年の夏を思い出して

2013年7月16日、大リーグのオールスターゲームが行われた。場所はニューヨーク・メッツの本拠地球場、シティ・フィールド。このオールスターゲームの始球式に私は感無量となった。どうしても思い出してしまうことがあったからだ。

始球式を行ったのは68歳のトム・シーバー。20年間にわたって大リーグで投手として活躍し、通算311勝をあげた男だ。もちろん、「野球の殿堂」入りを果たしている。

シーバーが始球式を行うためにメッツの本拠地球場のマウンドに立つと観衆は熱烈なスタンディング・オベイションで迎えた……。

36年前の1977年、32歳のシーバーはメッツのエースだった。1969年には球団初のワールドシリーズ制覇に大きく貢献していたし、サイ・ヤング賞（最優秀投手賞）を3回も受賞していた。ところが6月15日、シーバーはシンシナティ・レッズにトレードされることになった。球団経営陣とシーバーがうまくいっていなかったことが理由らしいが、メッツのファンは激怒した。大好きな球団の大好きな大黒柱を失うことになったからだ。そして迎えた8月21日（日曜日）。

その日、シーバーが久しぶりにメッツの本拠地球場（当時はシェイ・スタジアム）に戻ってきた。ただし、メッツの対戦相手レッズの先発投手としてだ。球場を埋め尽くした4万626

5人の観衆のほとんどがメッツのファンだったが、そのほとんどがシーバーを愛し続けていた。1回裏、シーバーがマウンドに立つと観衆はスタンディング・オベイションで迎えた。儀礼的なスタンディング・オベイションなどではない。本気で凄まじいスタンディング・オベイションだ。

シーバーが完投して勝利投手となると、観衆はまたしても本気で凄まじいスタンディング・オベイション。皆、シーバーの勝利を心から祝っていたのだ。

大リーグではトレードが頻繁に行われる。頻繁どころかめったやたらに行われているという感じもするくらい。では、ファンはそれをどう思っているのか？ なかなか難しい問題だ。人によって考えは違うだろうから。でも、1977年8月21日（日曜日）にメッツの本拠地球場でシーバーを迎えたメッツのファンの心は1つになっていた。あんなことは二度と起こらないかもしれない。

アパラチア山脈の安モーテルで

2013年10月15日。渡米してドライブ旅行中だった私は、ウェストバージニア州でアパラチア山脈を一気に越えるつもりだった。でも、日が暮れてきたので山脈の中にある安モーテルにチェックインした。

下着などの洗濯を終えてからテレビをつけた。もちろん大リーグの試合のテレビ中継を観るためだ。アメリカン・リーグのチャンピオンシップシリーズ、ボストン・レッドソックス対デトロイト・タイガースの第3戦。1対0とレッドソックスがリードして迎えた8回裏、レッドソックスはピンチを迎えた。2アウトで一塁と三塁に走者。次の打者はタイガースの主砲プリンス・フィルダー。ここでレッドソックスは投手を交代させた。上原浩治（うえはらこうじ）の登板だ。私はドキドキしてきた。でも、上原はいつものようにスイスイとストライクを投げてフィルダーを3球三振に仕留めた。と、私が持参してきたドコモの携帯にメールが入った（ちなみに、米国ではどんな田舎でもドコモの携帯が圏外になることはない。ついでに言っておくと、どんな田舎の安モーテルでもインターネットに繋（つな）がる。もちろん、料金はタダ）。私が渡米中ということを知っている大リーグに詳しい年下の友人が日本から送ってきたメールだった。「上原、やりますね」。私はすぐに返事メールを送った。「ホントに痺（しび）れちゃう。でも9回がどうなるか心配。上原の野球人生で最高の舞台だから頑張って欲しいなぁ」。

1対0のまま9回裏のタイガースの攻撃。上原は先頭打者に安打を打たれたが、次打者のショートゴロのダブルプレーで2アウト。そして次の打者は三振。すぐにメールが来た。「三振！」。私はすぐに返事メールを送った、嬉し涙を流しながら。「上原、サイコー！」。……異国で日本人の活躍を見ると愛国心が燃えて涙が流れるもんです。

翌朝、チェックアウトする際に私はフロントの中年男性に訊いてみた。「昨夜の上原の投球を観た？」。男性は怪訝（けげん）な顔をするだけ。ふ〜ん、観てないわけね。上原のことも知らないわけだ。まぁイイけどさ。

その試合は上原の野球人生最高の舞台ではなかった。ワールドシリーズでも痺れるような場面で何度も登板して活躍したし。そういう場面を日本に戻ってテレビ観戦した私は涙を流した。……涙と異国の地で観るかどうかなんて関係ないみたい。

史上最高の医学ノンフィクション

シッダールタ・ムカジー著『病の皇帝「がん」に挑む　人類４０００年の苦闘』（上下巻、２０１３年、早川書房、訳・田中文）。米国の腫瘍内科医が２０１０年に発表した医学ノンフィクションで、翌２０１１年のピュリツァー賞を受賞している。ピュリツァー賞を受賞したからって傑作とは限らないと私は思っているが、この本はホントに傑作。史上最高の医学ノンフィクションだと思う。

人類とがん（癌）の長い闘いを描いた本だが、がんというのはどういう病気なのか、これから人類はがんに対してどういうスタンスで立ち向かうべきなのかもわかるようになっている。さらに、ふんだんに盛り込まれた人間ドラマの面白さは抜群。……こんな人間ドラマを著者はどうやって調べたんだ？　脱帽！

この本には大リーガーが１人だけ登場してくる。私が心底惚れたただ１人の大リーガー、テッド・ウィリアムズ（２００２年没）。

大リーグ球団ボストン・レッドソックスの選手だったテッド・ウィリアムズは、小児がんの研究費募金活動「ジミー基金」の熱心な協力者としても広く知られていた。この本には、そういうことになった経緯がリアルにあけすけに書かれているのだが、なかなか面白い内容だ。

ここでキーワードが2つ揃った。〝ボストン・レッドソックス〟と〝がん〟だ。大リーグの熱心なファンなら、この2つのキーワードからもう1人の大リーガーをすぐに思い浮かべることになる。2006年にレッドソックスで大リーグにデビューしたジョン・レスター。

レスターはデビューしたばかりの2006年に悪性リンパ腫(しゅ)というがんに罹患(りかん)したが、化学療法で克服して見事に復活。2013年のワールドシリーズでも2度先発して2勝し、チームのワールドシリーズ制覇に大きく貢献した。……レスターは2014年の途中から他球団に移り、レッドソックスを含めて5球団でプレーした。2018年には最多勝利のタイトルも獲得している。2021年を最後に引退。

レスターが2006年に悪性リンパ腫と診断されたのはボストンの病院でだ。その病院は奇しくも、前述の本の著者が2003年から腫瘍内科医になるための専門研修を受けた病院だ(レスターは、化学療法は生まれ故郷に近いシアトルの病院で主に受けている)。というわけで、前述の本でレスターについてもチョットは触れて欲しかったと思う。大リーグのマウンドに立って活躍したレスターは素晴らしい化学療法の存在をわかりやすく伝えてくれると思うから。

『11／22／63』の野球賭博

2013年、米国のベストセラー作家スティーヴン・キングの超弩級(ちょうどきゅう)傑作小説の邦訳が出た。『11／22／63』(上下巻、文藝春秋、訳・白石朗)。この風変わりなタイトルは、ケネディ大統領が暗殺された1963年11月22日を略記したもの。

現代に生きる男性がケネディ暗殺を阻止するためにタイムトラベルで1958年の世界に出かけていくという奇抜だが感動的な物語だ。

ここでチョット変だと思われる方がいるに違いない。1963年の暗殺阻止のためにナンデ5年も前の1958年にタイムトラベルする必要があるのか？ その理由は本を読めばわかるし、納得もできます。

主人公は過去の世界で生活するために金を稼ぐ必要がある。で、1958年のワールドシリーズの野球賭博で金を賭けたりする。過去のワールドシリーズの結果を主人公は知っているので、賭けには絶対に勝てるわけですよ。……大リーグの熱狂的ファンとしても知られる作家、キングの面目躍如とも言える設定だ。

1958年のワールドシリーズはニューヨーク・ヤンキース対ミルウォーキー・ブレーブス(現在のアトランタ・ブレーブス)。キングは超弩級傑作小説の中で両チームの何人もの選手について言及している。でも、ヤンキースの投手ボブ・ターリーについては一言も触れていないのは残念。このワールドシリーズでターリーはMVP（最優秀選手賞）を獲得しただけではなく、画期的なことも達成しているからだ。

ターリーはこのワールドシリーズ第5戦で三振を10個奪っている。2年前の1956年のワールドシリーズ第6戦でも11個の三振を奪っているので、ワールドシリーズで10個以上の三振を2回奪ったことになる。これは大リーグ史上2人目の快挙だったのだ（1人目は1924年と25年のウォルター・ジョンソン）。

でも、凄まじい選手が途絶えたりしないのも大リーグの特徴。2回達成のターリーの後に3回達成のサンディ・コーファックスや5回達成のボブ・ギブソンといった投手が登場している。

合衆国大統領と大石内蔵助（おおいしくらのすけ）

毎年、大リーグの全日程が終了すると各チームは来季に向けて新たなチーム編成に取り組むことになる。それまで在籍していた選手を他チームに放出したり、他チームから選手を獲得したりするわけだ。

2013年の全日程が終了してからニューヨーク・ヤンキースはロサンゼルス・ドジャースに所属しているブライアン・ウィルソン投手を獲得しようとした。名門チームのヤンキースから声を掛けられれば、チョットは嬉しい気持ちになるのが普通（と思う）。ところが、ウィルソンは〝ヤンキースに移籍する気はないよ〟とアッサリ断ってしまった。年俸契約をどうするかといった具体的交渉を始める前にだ。自分のトレードマークとなっている髭を剃る気がないからというのが理由みたい。

ヤンキースでは、前オーナーのジョージ・スタインブレナー（２０１０年没）が１９７０年代に決めた厳しいルールが遵守されていたのだ。口髭以外の髭は禁止というルール。

それまで、ヤンキースに移籍したいがために髭を剃った選手はけっこういた。たとえば、ジョニー・デイモンやジェイソン・ジアンビ。こうした選手のことを考えると、ウィルソンの出処進退は実にユニークと言ってイイかもしれない。

では、どうしてヤンキースでは髭はダメなのか？　〝大リーガーは紳士たれ〟とか〝大リーガーは子供たちの模範たれ〟というようなことが理由なのだろうか？　もしそういうことなら反論する人もいるだろう。大リーガーの価値はプレーの優劣にあるのであって外見なんてどうでもイイ、髭を生やしていることと紳士であることには何の関係もない、子供たちだって大リーガーのプレーに憧れるのであって髭の有無なんて気にしない……。

私はそうした反論とは違う反論をしたい。髭を生やしていた第16代大統領リンカーンはどうなんのってこと。今でも米国の老若男女の多くがリンカーンを敬愛してやまないけど、ヤンキースはリンカーンは紳士じゃないし子供たちの模範じゃないと言いたいわけ？

でも、私の反論には問題があるかもしれない。時代が違うという問題だ。私だって「オマエが一番敬愛してやまない人物は誰？」と問われたら即座に「大石内蔵助」と答えるけど、だからって野球選手が髷を結っていたらチョットなぁと思うし。

黒人街から移動された家

2014年3月、私は渡米した。約1カ月間の爆走ドライブ一人旅をするためだ。そして4月6日（日曜日）の昼過ぎ、州間高速道路65（Interstate 65：略してI―65）を南下してアラバマ州モビールに近づいてきたときフッと気付いた。〝いけねぇ、大リーグ通なんて偉そうに自称しているオレがこんな大事なことを忘れていたなんて。でも仕方ない、2日早いけど訪ねておこう〟。

1974年4月8日、黒人大リーガーのハンク・アーロンが通算本塁打715号を打った。ベーブ・ルースの通算本塁打714本という偉大な記録を抜き去って新たな大リーグ記録を樹立したのだ。そのアーロンはモビール出身。つまり、2014年はモビール出身のアーロンが大記録を樹立してから40周年という記念すべき年なのだ。ところが、私は間抜けなことにドンピシャ記念日の4月8日より2日前にモビールに来てしまったというわけ。そんじゃドンピシャの日までモビールに滞在すればイイじゃないかということになるが、私にも一応都合というものがある。

で、アーロンゆかりの場所を駆け足で訪ね回ることにした。まずはI―65から降り、アーロンが育った黒人街トゥールミンビルへ。私にとっては4回目の訪問だ。今回の訪問の詳細は省

移動された少年時代のハンク・アーロンが暮らした家

展示されたアーロンの活躍ぶりを伝える数々

略。

次に、「ハンク・アーロン・スタジアム」へ。幹線道路沿いの白人だらけの場所にある。アーロンを記念して造られ1997年にオープンした野球場だ。今はマイナーリーグ球団モビール・ベイベアーズの本拠地球場となっている。

正門が開いていたので勝手に中に入ってしまった。誰もいない。ヤケに静かだ。日曜日の真っ昼間なのに何の催しも行われていないみたいだ。こりゃ困ったなぁと通路でウロウロしていると、白人の若者が通路脇の部屋から出てきた。妙に物憂げな感じの若者だ。闖入者の私と遭遇しても、〝どうしたの？〟みたいな目つきで見ているだけ。私は自己紹介をしてから言った。「ハンク・アーロンが育った家が黒人街のトゥールミンビルからこの球場のそばに移動されたと聞いたんだけど、どこにあるの？」。若者は物憂げなまま「きょうは家は閉まってるんだけど、特別に鍵を開けて中に入れてあげるよ」と言うと、球場正門から右横にチョット離れた場所にある家まで連れて行ってくれた。

この野球場の駐車場の横に、少年時代のアーロンが暮らしていた家が黒人街から移動されて置かれていた。

アーロンが少年時代を過ごした家は両親が1940年代初めに造った約56平方メートルという小さなものだ。8人家族で部屋数は3つ。その後1950年代、60年代、70年代に（たぶん、アーロンが野球で得た収入で）建て増しされている。キッチン、追加の寝室、トイレ、家族部屋、両親の部屋などだ。で、家は当初のものよりかなり広くなった。

この家は２００８年10月27日に１００人以上を動員して黒人街から約11キロ離れた野球場のそばまで7時間以上もかけて移動され、翌年から綺麗にするために手が加えられた。でも、移動前の古く傷んだ壁の一部も僅かに残されていた。そして、家の中にはアーロンの活躍ぶりを伝える多くの陳列品が置かれていた。アーロンが使用した野球用具、写真、絵画……。40年前の４月８日に７１５号本塁打を打ったことを大々的に伝える当時の新聞も（217ページに掲載）。

ところで。ナンデ白人だらけの場所にアーロンを記念した野球場があり、そこにアーロンが少年時代を過ごした家をわざわざ黒人街から移動させたのか。黒人街にあったのでは白人が訪ねることができないからなのか。黒人大統領が誕生した今でも米国は歴史の軛から逃れられないということなのか。

アーロンの家が元々は黒人街にあったということは家の中のどこにも記されていなかった。

渋い男としてサマになるのは

１９５５年、８歳だったは私は初めて大リーガーのプレーを観た。そのとき、内野手の守備が上手いことに感嘆した。これは今も変わらない。

内野手のなかでも遊撃手（米国ではショートストップという）の守備の巧さは抜群だ。大リーグでは遊撃手は守備が上手いというのは当たり前みたい。守備が上手くない遊撃手は存在意義がないという感じすらする。で、昔の大リーグでは遊撃手は打撃が多少劣っても守備が上手けりゃ目をつむるという傾向すらあったみたい。さらに、打撃がダメでもレギュラー選手になりたきゃ遊撃手を目指せとさえ言われていたみたい。

でも、そうした遊撃手のイメージが大きく変わってきた。守備が上手いだけではなく打撃も凄いという遊撃手が続々と登場するようになったからだ。何人か例をあげてみよう。

２００1年で引退したカル・リプケン・ジュニア。２６３２試合連続出場という大リーグ記録達成の名選手だが、通算安打３１８４本、通算本塁打４３１本。２００４年で引退したバリー・ラーキンは19年間の通算打率２割９分5厘、年間30本塁打30盗塁（30—30）を一度達成。２０１4年で引退したデレク・ジーターは通算安打３０００本を達成。

念のために言っておくが、昔は打撃も凄い遊撃手はいなかったというわけではない。たとえば、１９１7年で引退したホーナス・ワグナーは首位打者8回。１９７1年に引退したアーニー・バンクスは遊撃手として本塁打王2回。ただし、こういう遊撃手は今と比べると遥かに少なかったことはたしかなようだ。

ようするに、昔は守備が上手い渋い選手という遊撃手のイメージが今はド派手な選手というイメージに近くなっていると言えるのではないか。

ところで。米国映画『心みだれて』（１９８6年）には、名優ジャック・ニコルソン扮する渋いコラムニストが自己紹介する際に「コラムニスト……野球はショートストップ」と言うシーンがある。今、このシーンを観るとチョット違和感がある。そんじゃ今、渋い男は自分を野球界の何と言えばサマになるのか？　〝審判〟とでも言うしかないんじゃないですかね。……ダメ？　でも他に何かありますかね？

ここまでやるとはさすが

大リーグの野球場には色々な場所に広告があるが、テレビ中継で一番目立つのはホームベース後方のフェンスにあるもの。投手が打者に向かってボールを投げるときテレビ画面は投手側から映したものになるから、そこにある広告は頻回にバッチリ映るのだ。ここに広告を出したがる企業・組織が多いので、１イニングごとと言ってもイイほど広告がコロコロ変わる（詳細は省くが、そういうことが可能な方法がある）。

ＮＨＫ・ＢＳの大リーグ中継は現地の映像を使っているので、米国のどんな企業・組織がそこに広告を出しているかわかって面白い。

２０１４年7月4日、私はＮＨＫ・ＢＳの大リーグ中継を自宅で観ていた。ミネソタ州ミネアポリスでのミネソタ・ツインズ対ニューヨーク・ヤンキース戦。或るイニングで地元ミネソタ州の病院メイヨー・クリニックの広告が出てきたが、病院名「MAYO CLINIC」しか書かれていない。全米屈指の病院なので、それだけで米国人なら誰でもわかるのだ。

7月8日は、ワシントン州シアトルでのシアトル・マリナーズ対ミネソタ・ツインズ戦だった。やっぱり、地元の超有名病院の名前だけの広告が出てきた。「FRED HUTCHINSON CANCER RESEARCH CENTER」。

7月11日は、オハイオ州クリーブランドでのクリーブランド・インディアンス対ニューヨーク・ヤンキース戦。地元の超有名病院クリーブランド・クリニックの広告が出てくるに違いないと思っていたら、やっぱり出てきたが、泣かせることに小児科に絞って「Cleveland Clinic Children's」と書かれただけの広告。

大リーグ球団は選手たちを地元の病院慰問に頻繁に派遣するし、病気の子供たちを励ますための催しもする。となれば、病院側もということなのだろう。でも、ここまで出てきたのはどれも私立病院。そりゃそうだろう、公立病院が野球場に広告を出すのはチョットなぁと思うし。で、7月12日のNHK・BSはメリーランド州ボルチモアでのボルチモア・オリオールズ対ニューヨーク・ヤンキース戦だったので、地元にある全米屈指の私立病院ジョンズ・ホプキンス大学病院の広告が出てくると思いきや、公立（州立）病院「University of Maryland Medical Center」の名前だけの広告が出てきた。……そうか、米国はここまでやるのかぁ。さすが。脱帽。

〝野球で一番面白いスコアは8対7〟という言葉は野球好きの方なら誰もが知っていると言ってもイイほど有名。でも、この有名な言葉に関して多くの人（ひょっとすると日本ではすべての人）が誤解しているようだ。昔から今に至るまでズッと。

まず、この言葉は誰が最初に言ったのか？ 米国のルーズベルト大統領。これをご存じの方は多い。では、第26代大統領セオドア・ルーズベルトと第32代大統領フランクリン・ルーズベルトのどちらなのか？ フランクリン・ルーズベルトと思っている方が圧倒的に多いが、セオドア・ルーズベルトと思っている方も少数ながらいる。正解はフランクリン・ルーズベルトです。

では次に、この有名な言葉をフランクリン・ルーズベルトが言ったというきちんとした根拠・原典はあるのか？ あるとしたら、それは何なのか？ これを知りたいと思っているけどわからないという人がかなりいるようだ。懸命に調べたけどどうしてもわからないという野球専門家もいるようだ。

で、その根拠・原典を紹介したい。……フランクリン・ルーズベルトが実際に言っている内容は〝有名な言葉〟として広く知られているものとは微妙に違うのだ。

1937年1月23日、フランクリン・ルーズベルト大統領は『ニューヨーク・タイムズ』のジェームズ・P・ドーソン記者宛てに手紙を書いた。全米野球記者協会ニューヨーク支部の第14回年次ディナーに出席できないことへのお詫びの手紙だが、自分の野球への熱い想いも情熱的に書き連ねている。そして手紙の終盤、１対０という投手戦が嫌いというわけではないが乱打戦のほうが好きと書いた後に〝有名な言葉〟の根拠となった文章を書いている。ここで、その文章をオリジナルの英語と私の日本語訳で記しておく。

《In short, my idea of the best game is one that guarantees the fans a combined score of not less than fifteen runs, divided about eight to seven.》。〈ようするに、私が最高の試合と考えているのは両チームの得点合計数が15点を下回らない展開をファンに見せてくれるものです。８対７のように〉

　これでおわかり頂けたと思う。きちんと根拠・原典にあたらずに伝える人が多いと実際とはニュアンスが微妙に違った内容が世の中で定着してしまうという、よくある例の１つです。

　ついでに。フランクリン・ルーズベルト大統領が手紙を送った相手、『ニューヨーク・タイムズ』のジェームズ・P・ドーソン記者を記念した賞がある。日本ではあまり知られていないようだが、「James P. Dawson award（ジェームズ・P・ドーソン賞）」。１９５６年から始まった賞で、毎年、ニューヨーク・ヤンキースの春季キャンプの最後に最も優れた新人に贈られる。日本人選手では、２００３年に松井秀喜、２００７年に井川慶、２０１４年に田中将大が受賞している。

野球コラムの最高傑作だけど

1960年9月28日水曜日、大リーグ球団ボストン・レッドソックスの本拠地球場フェンウェイ・パーク。……これだけで私が何について語ろうとしているかピンとくる方は相当な大リーグ通だと思う。

この日、レッドソックス一筋にプレーしてきた42歳の偉大な男が現役最後の試合に臨んだのだ。私が心底惚れたただ1人の大リーガー、テッド・ウィリアムズ。

この試合では、〝天の配剤〟としか私には思えないことが起こっている。28歳の青年ライターが三塁ベース裏の内野席で観戦していたのだ。その青年ライターとは、後に優れた作家として世に認められピュリツァー賞を二度も受賞することになるジョン・アップダイク。

アップダイクは、この試合の約1カ月後の1960年10月22日、試合の様子を通してテッド・ウィリアムズの真髄に迫るコラムを有名雑誌『ニューヨーカー』に書いた。今でもスポーツコラムの傑作として広く知られているものだ。野球に関するコラムに限定すれば最高傑作だと私は思っている。

このコラムの内容に触れるまえに、まずはコラムのタイトルについて。オリジナルの英語タイトルは『Hub Fans Bid Kid Adieu』。短い単語ばかりが並んで英語ではないみたいなのが実に粋(いき)だ。最後の3つの単語に韻を踏むようにdが含まれているのも見事。この見事さは音読すれば（ビッド、キッド、アデューとなる）よくわかると思う。……ちなみにKid（キッド）はテッド・ウィリアムズの愛称。Hubはボストンのこと。なんでHubがボストンという意味になるのか知りたい方は自分で調べてください。

私が英語タイトルにこだわる理由がもう1つある。今、このコラムの英語版全文をインターネットで誰でも無料で読めるようになっているのだ。英語タイトルを入力して検索すれば、すぐに出てくる。念のために言っておくが、誰かさんが無断でインターネット上に載せているわけではない。きちんとした手続きを経て載っている。優れたコラムなので著作権などに縛られずにできるだけ多くの人に読んでもらおうという配慮だろう。

このコラムの邦訳が2つある。『レッドソックス・ファンがキッドに捧げる惜別の辞』（ハワード・サイナー編『ラスト・アメリカン・ヒーロー　ベスト・オブ・スポーツコラム』所収。1988年、東京書籍、訳・岡山徹）、『ボストンファン、キッドにさよなら』（『アップダイクと私　アップダイク・エッセイ傑作選』所収。2013年、河出書房新社、訳・森慎一郎）。

さて。このコラムには読者を思わず唸らせる有名な一節がある。

テッド・ウィリアムズは現役最後の試合の8回裏、最終打席で本塁打を打った。でも、〝打撃の神様〟を自任し、気難しい性格だったテッド・ウィリアムズはいつものようにサーッとベースを一周してアッという間にベンチに引っ込んでしまった。熱狂したファンはテッド・ウィリアムズがベンチから出て声援に応えてくれることを期待した。他の選手たちもそうするように頼んだが、テッド・ウィリアムズはベンチに引っ込んだままファンの声援には何も応えなかった。その理由をアップダイクはこう書いているのだ。《Gods do not answer letters（神々は手紙に返事を出したりはしないのである：森慎一郎訳）》。我が道を行く孤高の天才打者を粋に表現した素晴らしい文章だと私も思うし、大好きだ。でも、〝これってホントは正しくないんだよな〟とも思っている。9回表が始まったときに或る事が起こっているから。

9回表、テッド・ウィリアムズはレフトの守備位置についた。でも、すぐに監督の指示で他の選手と交代してベンチに戻ることになった。そんなことをさせるなら最初から守備位置につかせなければイイのにと思うだろうが、監督は観客にテッド・ウィリアムズの姿をもう一度見せて最後のお別れをする機会をつくったのだ。

テッド・ウィリアムズがレフトの守備位置からベンチに戻ったときのことをアップダイクは淡々と書いているが、ベンチに着いてからのことは書いていない。ところが、書いている人がいるのだ。

スポーツ記者としても野球の歴史研究家としても著名なJoseph Reichlerの『Baseball's Great Moments』。版を重ね続けた名著だ。この本にこう書かれている。《ベンチに着いたテッドは振り返った。短い間だが、彼は観客に感謝の気持ちを伝えようとしているように見えた。彼は迷ったが、すぐにベンチの屋根の下に隠れてしまった》。

もしこれが事実だとしたら、アップダイクの有名な一節は割り切りすぎてデリカシーを欠いていると私には思える。孤高の天才打者も振り返って迷うというグッとくる一面を垣間見せたのだから。でも、これはホントに事実なのかと疑う人もいるだろう。アップダイクともあろう人がまったく触れていないわけだし。

アップダイクの記事は後にスポーツコラムの傑作を集めた本の中に収載されたのだが、アップダイクは自分の記事の前に一文を寄せている。それが前述のハワード・サイナー編『ラスト・アメリカン・ヒーロー　ベスト・オブ・スポーツコラム』に載っている。その一文の中で自分の観戦記事についてこう書いている。《ペーパーバック版の記録ブックとその日のボストンの新聞以外、全然リサーチの素材をつかわずに書いたものだ》。つまり、自分が何か見落としていないか確認するために多くの人に取材などしていないのだ。これではテッド・ウィリアムズが垣間見せたデリカシーなど知らずに記事を書いてしまうだろう。

私ならテッド・ウィリアムズについて〝神々は手紙に返事を出したりはしないのである〟とは書かずに、こう書く。〝神々は手紙に返事を出そうかと迷うこともある〟。もしくは、〝神々は手紙に誰もがわかる返事を出したりはしない〟。

7月のクーパーズタウン

２０１４年７月12日、私の女房は日本を出発して米国に向かった。仕事のためだ。こういうことはしょっちゅうあるので、いつもの私なら特に気にせず淡々としている。ところが、そのときはいつもと違った。大違いだった。淡々となんかしていられなかった。

女房は米国でアッチャコッチャ飛び回った後、ニューヨーク州クーパーズタウンのすぐ近くに行くというのだ。これは大変なことだ。クーパーズタウンには「野球の殿堂」がある。しかも7月27日には新たに殿堂入りが決まった6人を表彰する式典が、まさにそこクーパーズタウンの「野球の殿堂」で催されることになっているのだ。そんな式典に女房が居合わせることになったら私は嬉しい。

私は出発前の女房に言っておいた。「せっかくだからクーパーズタウンの『野球の殿堂』にも行くとイイよ。併設された博物館にイチローの展示コーナーもあるからさ」。7月27日に式典が行われることとは言わなかった。女房がドンピシャ7月27日に行くかどうかは運だろう（誰の運だ?）。どうなるか私は息を潜めて見守ることにしたのだ。

女房が米国からメールを送ってきた。ヤケに淡々としたメールだ。

〝クーパーズタウンに行ってきました。何だか肌寒いくらいの気候で、空は曇っていました。夏休みということもあり、「野球の殿堂」はかなりの混雑です。どこにイチローの展示コーナーがあるのかわからないので、博物館の説明係の人に尋ねたところ、2階まで連れて行ってくれました。同じような大きさのブースがいくつも並んでいて、そのうちの1つがイチローの展示用でした。イチロー以外の選手たちの展示も見ましたが、どういうレベルの選手たちなのか私にはわかりません。博物館の中でダルビッシュの写真が飾られているのを数カ所で見ました。

館内劇場のビデオでもダルビッシュが使われていました。説明係の人によると、日本人大リーガーの展示はその他には記録コーナーに野茂の記録があるくらいらしいです。そういえば、新たに殿堂入りした6名を表彰する式典が2日前にあったそうで、そのときは駐車場が見つからないほどの混雑だったとのことです〟。

女房がクーパーズタウンに行ったのは運悪く（？）式典の2日後だったわけだ。

5月6日に生まれた人たち

2014年は日本人初の大リーガーが誕生してから50周年だった。

日本のプロ野球球団、南海ホークスの村上雅則（むらかみまさのり）投手は1964年に米国に渡った。大リーグ球団、サンフランシスコ・ジャイアンツ（SFG）傘下のマイナー球団に野球留学するためだ。ところが米国で才能が認められ、留学生の身から大リーガーに昇格することになる。その年の9月1日、遂にSFGのリリーフ投手としてニューヨーク・メッツの本拠地球場シェイ・スタジアムのマウンドに立った。この日本人初の大リーガー、弱冠20歳の投手を米国人は愛し「マッシー・ムラカミ」と呼ぶようになった。

大リーガー2年目の翌1965年、マッシーさんの再渡米はシーズン開始から約1カ月後となってしまった。この若者を巡ってSFGと南海ホークスとの間に生じた所属問題の決着が遅れたからだ。この年、SFGはナショナル・リーグの優勝をロサンゼルス・ドジャースに2ゲーム差で持っていかれたが、もしマッシーさんの再渡米がシーズン開始に間に合っていたらSFGが優勝していただろう。この若者の成績は対ドジャースが一番良く、防御率は１・８０という素晴らしさだったからだ。……日本人初の大リーガーは１９６６年から日本球界に戻ることになった。

ところで。マッシーさんはSFGで凄い選手とチームメイトだったことを喜んでいる。大リーグ史上最高の万能選手と呼ばれるウィリー・メイズ外野手だ。しかも、２人は誕生日が同じ５月６日ときている。

さて。２０１４年９月20日、「アメリカ野球愛好会」が日本人初の大リーガーご夫妻を囲んで50周年を祝う会を催した。マッシーさんの素敵な人柄に惚れている人たちが集まった、ささやかなものだ。私も出席したが、とても楽しい会だった。その会で紹介されたエピソードの中から１つだけ紹介しておきたい。

リリーフ投手として初めて大リーグのマウンドに立つことになったマッシーさんはブルペンからマウンドに向かう間、『上を向いて歩こう』のメロディを口笛で吹いていたそうだ。……これって、たまらなくイイ話だと思いませんか？

ちなみに。２０１４年は私の女房が１回目の宇宙飛行をしてから20周年にあたる年でもあった。そして、私の女房の誕生日も５月６日だ。〝それがどうしたの？〟なんて言わないで。この偶然を私はとても嬉しく思っているんですから。

2人の男が歩んだ栄光への道

20世紀の幕開けとともに始まった近代大リーグには悲しい歴史がある。差別の歴史。長い間にわたって黒人に門戸を開かなかったのだ。……黒人がプロ野球選手になりたければ、黒人だけで構成されたニグロリーグでプレーするしかなかった。

さて。２０１５年、アーニー・バンクスが逝った。享年83。この訃報に接した私が思い出したことがある。

黒人のバンクスはニグロリーグでプレーしていた。でも、時代の流れはバンクスの運命を変えた。バンクスがニグロリーグに加わったとき、既に大リーグは黒人を受け入れるようになっていたのだ。で、ニグロリーグで素晴らしい才能を発揮していた若きバンクスは大リーグに移ることができた。そして大リーグで通算本塁打５１２本という輝かしい記録も残し、「野球の殿堂」入りという栄光を手に入れることになった。

私は、テキサス州の中都市ウェーコにある『テキサス州スポーツ殿堂』を訪れたことを前述した（第3章）。その際には触れなかったが、この殿堂でもテキサス州で生まれ育ったバンクスを讃えている。バンクスの写真を掲示したささやかなコーナーが設けられているのだ。

ところで。ニグロリーグには大リーグの選手にひけをとらない選手がゴロゴロいた。その代表格の一人がクール・パパ・ベル（１９９１年死去、享年87）。バンクスがニグロリーグに加

アーニー・バンクスを讃える展示写真

ミシシッピ州スポーツ殿堂博物館への道、クール・パパ・ベル通りの掲示

わることができたのは、その才能をベルが見抜いてくれたからとも言われている。

ベルは驚異的な能力ゆえに伝説的人物とさえなっているが、大リーグでプレーしたことは一度もなかった。大リーグが黒人に門戸を開いたとき、ベルは既に40代だったのだ。もし生まれるのが10年遅ければ大リーグでも間違いなく活躍しただろう。……大リーグでプレーしたことがないベルだが、特別委員会による選出によって「野球の殿堂」入りの栄光を手にしている。

私は、以前にミシシッピ州の州都ジャクソンにある「ミシシッピ州スポーツ殿堂博物館」を訪れたことを書いた（第3章）。その際には触れなかったが、この殿堂ではミシシッピ州で生まれたベルを讃えるコーナーが設けられているなんてもんではなかった。大通りからこの殿堂に向かう細い道に、ミシシッピ州で生まれたスポーツ選手すべてを代表してベルの名前が付けられているのだ。

永久に破られない8年連続記録

今回は8年にまつわる話をチョットしておきます。

まず、大リーグで達成された8年連続の記録。7年でもなく9年でもない、ドンピシャ8年連続で偉大な記録。私がすぐに思い出すのはウォルター・ジョンソン投手。ジョンソンは1912年から8年連続でアメリカン・リーグの奪三振王となっている。凄い記録だ。この記録を破るのは難しいだろう。たぶん永久に破られないというのが私の考え。

次は、タイトルがドンピシャの本。私が大好きな野球小説、堂場瞬一著『8年』（集英社文庫）。主人公は全日本のメンバーとしてオリンピックで活躍し、プロ入りすると誰もが思っていたのに第一線から退いた投手。ところが8年後、主人公は大リーグに挑戦する。或る大リーガーと対戦するために……。この小説から文章を2つ引用したい。

1つ目。大リーグ球団傘下のマイナー球団の監督の思い。《まったく、このクソみたいな世の中で、単純に信じられるものがあるとすれば、野球を愛する人間の心ぐらいだ》。泣かせるイイ文章ですねぇ。野球を心から愛し、野球こそ我が人生みたいな私にとってはサイコー！

2つ目。大リーグ球団の監督が主人公に言う。「あんたはあまり喋らないタイプらしいが、大リーグでそれが許されるのは、スティーブ・カールトンのクラスになってからだぜ」。大リーグ通の方なら、これを読んで思わずニヤッとするはずだ。

ここに出てくるスティーブ・カールトンとは、1988年を最後に引退した大リーガー。サイ・ヤング賞（最優秀投手賞）4回、投手三冠王1回、左腕投手としては歴代2位の通算奪三振数と通算勝利数。大リーグの歴史に残る名投手だ。

ところで。前述もしたが、カールトンは風変わりなことも達成している。マスコミ嫌いとなったカールトンは現役時代、1978年から8年間もマスコミに一言も喋らなかったのだ。これってホントに風変わりだが、考えようによっては凄いとも言えるかもしれない。こんなことをマスコミに対してできる強者が大リーグに再び現れるとはチョット思えない。で、カールトンの８年連続沈黙もたぶん永久に破られないだろう。

もっと早く気付くべきだった！

ジョン・ブロックマン編『知のトップランナー149人の美しいセオリー』（2014年、青土社、訳・長谷川眞理子）。この世界の仕組みを説明する深遠でエレガントで美しいセオリーは何かという問いに対して名高い学者を始めとする149人が寄せた小文を集めた本だ。

著名な物理学者で米国のペンシルベニア大学名誉教授のジノ・セグレは宇宙の構造に関するセオリーについて小文を寄せているが、詳細は省略。ここでとりあげるのは冒頭の段落だけ。惑星の複雑な運動を説明する〝ケプラーの法則〟を発見した偉大なヨハネス・ケプラーも間違えることがあることに触れてから、セグレは粋にこう書いている。《『お熱いのがお好き』の最後でジョー・E・ブラウンが言った有名なセリフの通り、「誰だって完璧じゃない」》。

この「誰だって完璧じゃない」は英語原著では「Nobody's perfect」となっているが、これはセグレの間違い。米国のコメディー映画『お熱いのがお好き』（1959年）の最後のセリフは正確には「Well, nobody's perfect」（まぁ、誰だって完璧じゃないさ）だ。このセリフは米国映画協会が選んだ〝名セリフ・ベスト100〟にも入っているくらいなんだから正確に引用しなきゃ。でも、これは重箱の隅をつついたような難癖で、私の負け惜しみ。実は、私はセグレの文章を読んだ瞬間〝しまった、もっと早く気付くべきだった！〟と思ったのだ。

２０１０年６月２日のデトロイト・タイガース対クリーブランド・インディアンス戦。タイガースの先発投手アーマンド・ガララーガは９回２アウトまでランナーを１人も出さなかった。次の打者をアウトにすれば完全試合（perfect game）達成だ。そしてガララーガは次の打者を一塁ゴロでアウトにしたと思いきや、塁審ジム・ジョイスがセーフと誤審して完全試合はパーとなってしまった。でもガララーガは怒ったりせず、「Nobody's perfect」と言ってジョイスを許した。

ガララーガの言葉が『お熱いのがお好き』の最後のセリフに似ていることに気付いた米国映画通の方々がいたに違いない。私は気付かなかったことが悔しい。……ついでに私の個人的な感想を言っておきます。『お熱いのがお好き』よりガララーガのほうが遥かに素晴らしいです。粋です。泣かせます。

天国で出会った人たち

私にとって特別な場所というのが米国には何箇所もある。定点観測をするみたいに何度も懲りずに訪ねている場所。その幾つかは大リーグと関連しているが、その中で私を最も惹きつけているのはアイオワ州ダイアーズビル市にある野球場。映画のロケのために造られた野球場だ。

米国映画『フィールド・オブ・ドリームス』（１９８９年）。失ってしまった貴重な機会や壊れてしまった人間関係を取り戻すセカンドチャンス（第２の機会）の素晴らしさなどを描いた傑作ファンタジー。

主人公はアイオワ州で農業を営むキンセラ。或る日、トウモロコシ畑で仕事をしていたキンセラはどこからともなく届いてきた不思議な言葉を耳にする。〝それを造れば、彼はやって来る〟。この言葉の意味をキンセラはこう理解した。〝トウモロコシ畑を潰して野球場を造れば、ジョー・ジャクソンがやって来る〟。

ジョー・ジャクソンは大リーグ史上に残る名選手だが、1919年のワールドシリーズで八百長をやったとされ大リーグから永久追放となった（1951年に死亡）。そして、キンセラの父親にとってヒーローだった選手でもある。その父親はキンセラと喧嘩別れしたまま亡くなっていた。それを後悔していたキンセラがホントにトウモロコシ畑を潰して野球場を完成させると……。

この野球場、つまり映画のロケのためにアイオワ州ダイアーズビルのトウモロコシ畑を潰して造った野球場が1989年の映画公開後も残され、大勢の観光客が訪れる有名な観光スポットになっている。

私がこの野球場を訪ねるようになったのはかなり遅い。ブレット・H・マンデル著『夢の球場の巡礼者たち　それからの『フィールド・オブ・ドリームス』』（2003年、草思社、訳・小西敦子）を読んでからだから。ちなみに、この本の英語原題は映画に出てくるセリフをそのまま使った〝Is This Heaven?（ここは天国かい？）〟。

本を読んだ私は驚いた。映画のロケ用に造ったにすぎない野球場に精神的安らぎや癒しを求めて訪ねている人が多いらしいのだ。〝そんじゃ、オレも一度は訪ねてみるか〟と思った私だが、結局10回以上も訪ねることになった。

２０１４年8月、私は米国でドライブ旅行をしていた。いつものように田舎ばかりをアッチャコッチャ走り回る爆走ドライブ。いつものように日本の歌手のCDを聴きながら。石川さゆり、都はるみ、森進一。……米国の田舎を『津軽海峡・冬景色』や『好きになった人』や『襟裳岬』を聴きながら爆走するのはサイコーです。感極まって涙してしまう自分が妙に可愛く思えてくるし、〝どこにいようがオレはやっぱり根っからの日本人だ〟と再確認できるので。

さて、8月8日午後。アイオワ州ダイアーズビル市に到着。7回目の訪問だ。見慣れた野球場にすぐに行ってみたが観光客だらけ。で、野球場のそばにあるギフト・ショップに足を運んだ。すっかり顔馴染みになっているオバサンと目と目で挨拶を交わし合った後、映画公開25周年を記念した本が売られているのを発見。こんな節目の年にも来たなんてオレはついてるぜと思いながら3冊購入。そして、モーテルにチェックイン。

翌9日は野球場で朝から夕方まで過ごし、モーテルでさらに一泊。

翌10日の午前中。モーテルをチェックアウトして野球場へ行ってみると、観光客の米国人たちが実に楽しそうに野球をしていた。この野球場では誰もが無料で好きなように野球をすることが許されているので、こうした光景を目にすることが多い。映画に出てくる、父と息子が失われた関係を取り戻してキャッチボールをする泣かせるシーンを真似してか、親子で野球をしている観光客もいる。親子3世代という観光客も。

私は野球場のそばに置かれたベンチに腰掛けた。そして、映画が描いていた父と息子の関係を思い浮かべながら、野球をしている家族を眺めていた。すると、次第に精神的安らぎを感じる自分を発見することになる。不思議なのだが、ホントに精神的安らぎを感じるようになるのだ。〝ここはホントに天国なんだ〟と思うようになる。

その野球場ではチョット変わった人たちと出会うこともある。

2017年5月。米国でドライブ旅行をしていた私はまたしてもダイヤーズビルを訪ねた。……何回目の訪問かはわからない。

午後4時頃に到着した私がすぐに野球場に行ってみると、ヘンテコリンな人たちがいるではないか。ウエディングドレス姿の女性と、きちんとした服を身に着けた大勢の男女の皆さん。おいおい、野球場で結婚式をするのか？　驚いた私は皆さん方の端にいた年配の白人女性に訊いてみた。「ここで結婚式をするんですか？」。女性は笑顔で説明してくれた。「そうじゃないのよ。花嫁は私の娘なんだけど、結婚式は近くの教会でしたの。ここには記念写真の撮影のために来ただけ」。へぇ、そういうこと。でも、結婚式の後の記念写真を野球場で撮影するのもヘンテコリンだよなぁ。

私がポケーッと見ていると、男性陣がグラウンドに散って守備位置につき始めた。ナンダ？何を始めるんだ？

新郎はボールを持たずに投手としてピッチャーマウンドに立った。新婦はブーケを手にして打席。新郎が投球の真似をすると、新婦は思いっ切り打つ真似。これが終わると、次は逆バージョン。女性陣が守備位置についた。新婦は投手としてピッチャーマウンド。打席には新郎。

結婚生活はお互いが対等の立場でやりとりするのが一番。投手と打者のように。で、結婚生活を始めるにあたってこういう記念写真の撮影をすることにしたのだろう。素晴らしいアイディアだ。……私にとっては天国という野球場でこういうことをしてくれるのは実に嬉しい。

その日、私はダイヤーズビルのモーテルに泊まった。

翌日。天国に行ってみると、観光客の中を恐竜が歩いていた。私が写真を撮るために近づいていくと、恐竜の中からオジサンが現れた。見るからに人の良さそうなオジサン。私が〝写真を撮りたいから縫いぐるみをもう一度着てちょうだい〟と言う前に、幼い少女が〝お願い、もう一度着て！〟とせがんだ。オジサンは縫いぐるみの破れてしまった部分をホチキスで補修してから再び恐竜に変身。

少女は満足して去って行った。私は縫いぐるみを脱ぎ始めたオジサンに声をかけた。「どこから来たんですか？」。「ここからチョット離れた街」。「素敵なパフォーマンスでしたよ」。「ヘヘヘ。でもチョット暑いんだよね」。その日は5月とは思えない暑さだったから、縫いぐるみを着たらチョット暑いどころではない。熱中症で倒れてしまう危険だってある。で、私が「イイ根性してますねぇ」と言うとオジサンはニコッとして言った。「へへへ、サンキュー！」。

２０１９年の夏。天国を訪ねた私は、駐車場に駐まっている車の数がヤケに多いので驚いた。ナンダ？　何か特別なことでも行われているのか？　私も駐車場に車を駐めて野球場に向かって歩いて行った。

やっぱり特別なことが行われていた。２０１９年は映画『フィールド・オブ・ドリームス』が公開されてからジャスト30年なので、その記念イベントが行われていたのだ。そんな大事なことに気付かずに天国にやって来た私は〝オレは迂闊すぎるなぁ〟と思ったが、〝オレってついてるなぁ。こんなイイときにドンピシャ来たんだもんなぁ〟とも思った。

野球場のグラウンドでは野球をやっている人たちがいた。一塁側と三塁側のファールゾーンでは大勢の人たちが座席に座って、その野球を観戦していた。野球には目もくれずに芝生の上に座って食事をしている人たちも大勢いた。普段の夏には目にしない、腰に銃を携えた警官までいる。大勢の人たちが集まっているので何かトラブルが起こるかもしれないと考えてのことだろう。

さて。その日の目玉は或る人物のサイン会だった。野球場のすぐそばにあるギフトショップの横が急拵（きゅうごしら）えのサイン会場になっていて、大勢の人たちがサインをもらうために長蛇の列を成している。もちろん、私も並んだ。すぐに誰のサイン会かわかったから。……その人物を取材するためにカメラを持ったテレビ・クルーと思われる人たちもいた。

映画『フィールド・オブ・ドリームス』の終盤、主人公のレイ・キンセラの前に父親のジョン・キンセラが現れる。若き日の父親が〝幽霊〟のようにだ。その父親と主人公がキャッチ・ボールをするシーンは感動的だ。サイン会を行っていたのは、その若きの日の父親を演じたドワイヤー・ブラウンという俳優。

30年も経っているのでブラウンの容貌は映画出演時とは違っているが、トシのわりにはとても若く見える。映画公開時は30歳でサイン会をしているときは60歳だが、60歳には見えない。そして、映画でジョン・キンセラを演じていたときと同じようにカッコイイ。

私の番が来た。椅子に座ったブラウンの前に立った私は、Ａ4版ほどの大きさにプリントされた写真2枚と1冊の本を購入して、それぞれにサインをしてもらった。

写真は、映画の中でキャッチャー・マスクを手にしたブラウン1人だけが立っている姿のものと、ブラウンがケビン・コスナー扮する主人公と話をしているシーンのもの。本は、その年の6月に出版されたばかりの『If You Build It...』。ブラウン自身が自分の両親のことや映画『フィールド・オブ・ドリームス』などについて書いたものだ。

ブラウンは私へのサインを終えると立ち上がりながら言った。「一緒に写真を撮りませんか？」。私はすぐに答えた。「そうしてくれると嬉しいですね」。

私たち2人は、サイン会場の端に貼られている大きなパネル写真の前に立った。映画の中のブラウンの姿が写っている写真で、〝MEET JOHN KINSELLA〟と書かれている。

そばにいた係員の方が私のデジカメで写真を撮ってくれた。

最後に。ブラウンがサインとともに書いてくれた文章がある。1枚の写真には〝Is This Heaven?（ここは天国かい？）〟、もう1枚の写真と本には〝WANNA HAVE A CATCH?（キャッチボールをするかい？）〟。どちらも映画『フィールド・オブ・ドリームス』の中に出てくる有名なセリフだ。

『フィールド・オブ・ドリームス』：その隠された〝秘密〟(1)

米国映画『フィールド・オブ・ドリームス』（1989年）では、1951年に亡くなっているジョー・ジャクソンが現世に幽霊のように登場する。

本物のジャクソンは右投げ左打ちだが。この映画では真逆の左投げ右打ちとして演じられている。この真逆を多くの野球ファンや大リーグ通が〝間違い〟として批判・失望しているが、私は原作小説のファンタジー性（幽霊性？）を活かした素晴らしい脚色・演出だと感心している。もちろん、それにはきちんとした理由・根拠がある。

この映画の原作となっている傑作小説、W・P・キンセラ著『シューレス・ジョー』（文春文庫、訳・永井淳）でジャクソンの守備が一番詳しく描かれているのはレフトの守備位置でフライを捕る場面だ。《数歩左へ移動し、右手をあげて捕球の合図をしてから、一、二秒間ボールの落下点で静止し、ボールをキャッチすると同時にきき腕に持ちかえて、矢のように内野へ返球する》。どうですか、これで右投げか左投げかハッキリわかります？　ハッキリしませんよね。著者は意図的にそうしていると考えるのが普通ではありませんか？　……ちなみに私は英語原著も読んでいるので、この邦訳が正確な名訳と保証します。

次に原作小説におけるジャクソンの打撃。打つ場面は出てくるのに、左右どちらの打席で打っているのかはまったく書いていない。これも意図的としか私には思えない。でもジャクソンの打球がどの方向に飛んだかを書いているときはすべてレフトに飛んでいることになっているし、《糸を引くようなライナーでレフト側に飛んだホームラン》といった表現さえ出てくる。となれば、右打ちか左打ちか書いていないとはいえ、本物とは逆の右打ちとにおわせたい意図があると考えるのが普通だろう。

映画は原作小説のファンタジー性を見事に表現していると思う。文章と違って映像は左右どちらかハッキリさせないといけないから真逆にしているのだ。

ついでに。この映画にはジャクソン以外にも既に死んでいる大リーガーが何人も登場するが、その中で一番重要なのはムーンライト・グラハムという選手だ。本物は右投げ左打ちだが、小説では本人が〝右投げ〟と言う場面があるだけで、実際にはどうプレーしたかは書いていない。打ち方については触れていない。では、映画ではどうなっているのか？　グラハムも真逆にしたいところだが、小説で〝右投げ〟と言っているので投げるシーンはなしにして、打ち方が逆の右打ちのシーンだけにしている。

つまり、すべての脚色・演出が原作小説と矛盾していないのだ。

『フィールド・オブ・ドリームス』：その隠された〝秘密〟(2)

今回は、誰も指摘していないトテモ大事なことについて。……既にどこかで指摘・発表している方がいらっしゃったらお詫びします。

米国映画『フィールド・オブ・ドリームス』（１９８９年）では、主人公ともう１人の男性がボストン・レッドソックスの本拠地球場フェンウェイ・パークで試合を観戦する前に球場内の売店で飲食物を買うシーンがある。私が持っているＤＶＤの日本語吹き替えでは、ホットドッグとビール２人分の注文を受けた店員さんが「７ドルです」と言う。日本語字幕では省略されている。

次に英語字幕で観た私はビックリ。「10ドル」と書かれているのだ。さらに、音声を英語にしてみると、店員さんの声は小さいので耳をこらして聞くしかないが「10ドル」と聞こえる。英語は音声も字幕も首尾一貫して「10ドル」。では、日本語吹き替えが間違えているのか？

ＤＶＤの音声は英語と日本語だけだが、字幕は他の言語もついているので私はチェックしてみた。ポルトガル語、中国語、韓国語、タイ語は「10ドル」。ところが、スペイン語だけが「7ドル」となっている。

ここで、私は奇妙なことに気付いた。２人分の代金を主人公が払うのだが、紙幣を１枚渡してから次に紙幣２枚を渡しているようにしか見えない。……私は映像をスローモーションにして何度も繰り返してチェックしたのだ。〝オレって、なんのためにこんなことしてんだ？〟と思いつつ。紙幣が何ドル札かまでは解明できなかった。そうそう、主人公はおつりは貰っていない。

10ドル払うのに紙幣３枚というのはありえない。７ドルならおかしくない。最初の１枚が５ドル札、次は１ドル札が２枚だ。ここまできたら徹底解明しなきゃと思った私が周囲の雑音を遮断するヘッドホンで英語を聞いてみると、店員さんの声は「７ドル」としか聞こえない。これってホントです。試してみてください。

つまり、日本語吹き替えとスペイン語字幕が正しく、英語も含めた他の言語の字幕は間違えているのだ。

そんなことはどうでもイイ？　いや、トテモ大事です。お金に無頓着な国は経済問題を抱えることになるんです。英語圏の米国を見れば一目瞭然じゃないですか。……でも、日本とスペイン語の本家本元のスペインも経済問題を抱えているか。

3年の空白があっても連続です

2015年は青木宣親（あおきのりちか）が大リーグに移ってから4年目だった。日本で首位打者3回や年間安打200本以上2回といった素晴らしい成績を残した青木なので、大リーグでも打率3割と年間安打200本以上のどちらか1つは少なくとも達成して欲しいと思いながら私は応援していた。……青木の試合中に頑張っている姿や、絶好調だろうがスランプだろうが試合後のインタビューに真摯（しんし）に応じている姿を見ていると応援せずにはいられないのだ。

2015年のシーズンが開幕してから青木はいきなり9試合連続安打だった。その途中、7試合連続安打の時点でメディアから「昨年から合わせると15試合連続安打になる」と言われた青木は苦笑いしながらこう答えたらしい。「去年から合算するのは、ちょっとどうかと思うんだけど」。

青木の気持ち、よくわかります。前年のシーズンが終わってから随分と間が空いているのに連続と言われてもピンと来ないでしょうし。でも、そんな間なんて気にする必要ないかもしれないんです。

連続試合安打の大リーグ記録はジョー・ディマジオの56試合だが、これはアメリカン・リーグで達成されたもの。で、ナショナル・リーグ記録があるわけだが、19世紀にウィリー・キーラーが達成した45試合をあげる人がけっこういる（20世紀以降のナショナル・リーグ記録はピート・ローズの44試合）。では、キーラーの45試合の経緯。１８９６年の最終試合で安打、そして翌９７年の開幕から44試合連続安打だったので合計45試合。

他にも例はある。盗塁を試みて成功し続けた回数はどれだけかという記録。大リーグ記録はヴィンス・コールマンの50回だが、これは１９８８年から１９８９年に跨るものだ。

こうした例をすべてあげていたらキリがない。で、最後に飛びきりの例を１つ。ジョニー・ペスキーは１９４２年に２０５安打。それからの３年間は第２次世界大戦の兵役のためにプレーせず空白。復帰した１９４６年に２０８安打。その翌年は２０７安打。これでも３年連続２００本安打以上と認める人が多い。……これはリーグ最高記録などではないですが、ペスキーの素晴らしさを示す記録としてしばしばあげられるものです。

偉大な投手と故郷が同じなので

２０１６年5月12日の夜。私は米国でニューヨーク・ヤンキース対カンザスシティー・ロイヤルズ戦をテレビ観戦していた。

ヤンキースの先発投手はネイサン・イオバルディ、26歳。大リーガーになって6年目。このイオバルディについて実況アナウンサーが何度も同じことを言っていた。「テキサス州アルビン出身です。あのノーラン・ライアンの故郷、アルビンです」。ノーラン・ライアンは現役時代に通算奪三振数５７１４という大リーグ記録を樹立。歴史に残る偉大な投手だ。

実況アナウンサーのしつこい紹介を聴いているうちに私がフッと思ったことがある。で、インターネットで調べてみることにした……。

イオバルディは「ボクはアルビンでノーラン・ライアンのことばかり見聞きして育ったんだ」と言っているようだ。そう言いたくなる気持ち、私にはよくわかる。アルビンを訪ねたことがあるから。……アルビンはノーラン・ライアンだらけなのだ。そこいらじゅうでノーラン・ライアンの写真を目にするし、ノーラン・ライアンの銅像まで立っているし、住民の皆さんは地元の英雄ノーラン・ライアンの話をするのが大好き。

さて。イオバルディがノーラン・ライアンと同じく「アルビン高校」を卒業していることはわかった。でも卒業した中学校の名前がどうしてもわからない。実は、アルビンにはノーラン・ライアンを記念した「ノーラン・ライアン中学校」という公立中学校がある。イオバルディがこの中学校を卒業していたら面白い（?）と思って私は調べ始めたのだ。

インターネットで調べてもわからないなら、次のテでいくしかない。私はヤンキースに問い合わせのメールを送り、「アルビン高校」と「ノーラン・ライアン中学校」には問い合わせのファックスを送った（メールアドレスはわからずファックス番号がわかったから）。でも、どこからも返事は来なかった。イオバルディの出身中学校を知りたいなんて気味悪いヤツだと思われたのか？

その後、よく考えてみた。「ノーラン・ライアン中学校」の開校は2008年だ。ということは、今年26歳のイオバルディは「ノーラン・ライアン中学校」では学んでいないことになる。残念？

私をビックリさせた発表

2016年3月に邦訳が出たトラヴィス・ソーチック著『ビッグデータ・ベースボール 20年連続負け越し球団ピッツバーグ・パイレーツを甦らせた数学の魔法』（角川書店、訳・桑田健）。最近の大リーグにおける実に興味深いことを描いた素晴らしい本だが、ここではチョット気になる箇所の引用だけ。《ダイヤモンドビューによると、過去22年間で35歳を過ぎてから超一流に値する活躍ができた打者は、バリー・ボンズだけだった》。この文章を読んだ瞬間、私はすぐに思ったのだ。〝おいおい、34歳から37歳まで4年連続で首位打者になったトニー・グウィンは超一流じゃないってことか？〟。……首位打者、つまり打率トップよりホームランを多く打つ打者を評価する人が今の米国には多い。特に、成績を数学的に分析する専門家（と称する人たち？）の中に。

イチローが大リーグに移った2001年、私は『スポーツ報知』に〝イチローは7回も首位打者になったロッド・カルーを思わせる〟といった内容のことを書いた。イチローとロッド・

カルーの打法はかなり違う。でも、どちらもホームランは少ないが安打を巧みに打つ超一流の打者と思っているからだ。

　さて。2016年7月12日の大リーグ機構の発表に私は心底驚いた。首位打者の呼称をナショナル・リーグでは「トニー・グウィン賞」、アメリカン・リーグでは「ロッド・カルー賞」にするというのだ。この2人を超一流と思っている私なのに心底驚いた理由は2つ。①大リーグには人物の名前がついた賞が沢山あるが、記者などによる投票を経ずに1つだけの成績でトップとなった選手の賞の呼称に人物の名前がついたものはなかったと思う（もしあったらごめんなさい）。②首位打者の呼称に人物の名前を使うなら首位打者12回（9年連続を含む）の大リーグ記録を持つタイ・カッブであるべきだと思う。

　ビックリした後、すぐに思ったことがある。この発表が、米国で白人警官による黒人射殺が相次ぎ人種差別が大きな問題となってから大して日を経ずに行われたということ。ちなみに、トニー・グウィンとロッド・カルーは非白人。白人のタイ・カッブは人種差別主義者だったと言われている。つまり、大リーグ機構は差別のない社会を目指そうというメッセージを社会に向けて送ったのかと思ったのだ。……深読みしすぎだろうか？

第5章

伝説、英雄、そして大谷翔平

どなたさんにも降る夢

NHK・BSが放送している『球辞苑』。毎回テーマを決めて、野球の楽しさ・奥深さ・プロの技の凄さなどを詳しく楽しく伝えてくれる。

2017年1月14日のテーマは〝ホームランキャッチ〟だった。距離的にはホームランの打球をフェンス際でジャンプした外野手がキャッチしてアウトにしてしまうプレーのこと。元大リーガーの田口壮（たぐちそう）さんも出演して、「日本のプロ野球を楽しくエキサイティングにするための最重要課題」とコメントされていた。

日本のプロ野球でホームランキャッチを目にすることは極めて少ない。外野フェンスの丈が高いので、外野手がジャンプしたくらいでは届かないケースが多いのだ。実現しようと思ったらフェンスをよじ登ったり、さらにはフェンスの天辺に立つくらいのことをしないとダメ。

一方、大リーグの球場は外野フェンスの丈が低い箇所がけっこうあるのでホームランキャッチをしょっちゅう目にすると言ってもイイ。プロならではのファインプレーなのでファンは喜ぶが、頻繁に目にしているので慣れちゃってる感じもする。少なくとも私はそう。で、ホームランキャッチがさほど重要とは思わなかった。でも田口さんのコメントには〝一理あるなぁ〟と思い始めた。

ファンが楽しみエキサイトするのはイイことだから、日本でも外野フェンスの丈を低くしてホームランキャッチをもっと目にすることができるようにしたらイイかもしれない。費用がかかるなどの問題があるだろうが、それでも一考する価値はあるんじゃないかと思う。

ここで、米国映画『あなたに降る夢』（１９９４年）の1シーンを紹介しておこう。主人公が借り切ったヤンキースタジアムに招待された幼い少年たちの夢はホームランキャッチの真似をすること。でも少年たちは背丈が低いから、ただジャンプしただけではダメ。では、どうするか？　グラブでボールを握り、フェンス前に置いたトランポリンを使ってジャンプしてフェンスを越えた瞬間を写真に撮ってもらう。

日本でもフェンスを低くすれば、どなたさんもトランポリンを使ってホームランキャッチの夢を実現できます。今のままだと、フェンスをよじ登るなんて危ないことをしないとダメですね。

小さな男の大きな挑戦

２０１７年の大リーグ。私が最も注目していたのはヒューストン・アストロズの右打者、ホセ・アルトゥーベだった。身長が約１６８センチと小柄。現役大リーガーで背丈が一番低いと言われていた。２０１７年、この小さな男が凄いことをやってのけるかもしれなかったのだ。

アルトゥーベは大リーガーとなって4年目の２０１４年に才能を見事に開花させた。打率３割４分1厘、安打数２２５、盗塁数56。この３つはアメリカン・リーグの1位だった。その後も打率3割以上、安打数200以上、盗塁数30以上を続けてきた。特に安打数に関しては3年連続でリーグの1位ときている。これはイチローの5年連続に次ぐ大リーグ史上第2位の記録だが、第2位の記録保持者は他にも7人いた。つまりアルトゥーベは2017年もリーグ安打数1位になれば4年連続で単独2位となり、イチローの大リーグ記録5年連続に王手をかけることにもなる。……イチローの記録に並ぶことはできなくても、左打者のイチローに右打者が王手をかけるまで迫れば凄いことだ。

ところで。アルトゥーベは2016年までに既に凄いことを達成していた。リーグ安打数1位と同時に盗塁数30以上を3年連続で達成しているのは、大リーグ史上アルトゥーベの他に2人だけだったのだ。球聖と称されるタイ・カッブ、そしてイチロー。アルトゥーベは既に偉大な2人に並んでいたわけだ。2017年も達成すれば偉大な2人を抜き去ることになる。

さらに。2017年のアルトゥーベはリーグ安打数1位にならなくても安打数200以上を達成すれば4年連続安打数200以上となり、将来に向けて大きな期待を抱かせる。年間安打数200以上を何年続けたかの大リーグ記録はイチローの10年連続だが、右打者では5年連続が最高。これにアルトゥーベは王手をかけることになるわけだし、抜き去る可能性も生まれてくる。まだ27歳のアルトゥーベにはイチローの大記録に迫っていく可能性すらある。

というわけで2017年のアルトゥーベに注目なわけだが、複雑な心境で注目。イチローの記録に絡むものがズラリと並んでいるから。大好きなイチローの記録には並んで欲しくないし、抜き去るなんて勘弁してちょうだいというのが私の本音なので。

で、２０１７年はワクワクしながら、そしてハラハラドキドキしながら過ごすことになった。

２０１７年のアルトゥーベの成績はどうなったかを記しておこう。

打率は３割４分６厘でリーグ1位。安打数も２０４本でリーグ1位。盗塁数は32。つまりリーグの安打数1位の連続年数を４年とし、イチローの５年連続に王手をかけることになったわけだ。さらに右打者の５年連続で年間安打２００本以上という大リーグ記録にも王手をかけることになった。そして安打数がリーグ1位と同時に盗塁30以上を６年連続という大リーグ新記録を達成した、タイ・カッブとイチローという偉大な２人を抜き去って。

が、しかし、翌２０１８年のアルトゥーベは年間安打１６９本（リーグで11位）、盗塁は17で終わった。

ニヒルな男に似合う役

２０１７年の或る日の夜。私は自宅で米国映画『大いなる西部』（１９５８年）をＤＶＤで観ていた。懐かしの名画だから久しぶりに観てみるかと思っただけなのだが、観ているうちに〝アレ、こんなことになってたんだっけ？〟とビックリ。悪玉を演じるチャック・コナーズがけっこうサマになっているではないか。

私のような団塊の世代にとってチャック・コナーズは忘れがたい人物だ。中学生の頃に日本で毎週放映されていた米国製連続テレビドラマ『ライフルマン』で主人公（善玉です！）を演じていた俳優として。そして元大リーガーの俳優として（1992年没。享年71）。そのチャック・コナーズが善玉ではなく悪玉を演じてもサマになっているのでビックリしてしまったというわけです。

『大いなる西部』を観終わった私は、どうでもイイことを考え始めた。〝現役大リーガーの中に俳優に転じて善玉でも悪玉でもサマになる男はいるかなぁ〟。

ホントにどうでもイイことなのに、私は真剣に考え続けた。〝チャック・コナーズは俳優としての演技力で善玉も悪玉も見事にこなしていたけど、現役大リーガーの俳優としての演技力がどうかなんてわかりっこないもんなぁ。ということは、見た目だけを基準に選ぶしかないことになるよなぁ〟。

私が選んだのはエリック・ホズマー（当時はカンザスシティ・ロイヤルズの一塁手）。細面の顔に細い眼、つり上がってビシッと決まった眉毛（まゆげ）。ホズマーが真剣な表情をしているときのニヒルな感じは実に魅力的だ。あれだけのニヒル感を湛（たた）えたホズマーならハードボイルド映画の善玉探偵役もオーケーだろうし、悪玉殺し屋役もオーケーだろう。

でも、あのホズマーのニヒル感をハードボイルド映画の探偵や殺し屋なんていうありきたりの善玉役や悪玉役で終わらせるなんてあまりにもったいないなぁ。もっとイイ役はないかなぁ。

私は一晩かけて考え続けることになってしまった。

結局、私が思い付いた役は眠狂四郎。たしか眠狂四郎は西洋人と日本人の混血ということになっているので、ホズマーが演じてもサマになるのではないか。

どうでもイイことを一晩寝ずに考えて疲れてしまった私だが、それだけのことをした甲斐はあった。これまでホズマーにさほど興味がなかったのに、急に応援したくなってきたから。

翌２０１８年、ホズマーはカンザスシティ・ロイヤルズからサンディエゴ・パドレスに移った。それから更に２球団でプレーし、２０２３年を最後に引退した。

偉大な足跡が残された場所

２０１７年４月。大リーグ球団をネバダ州ラスベガスに移転させるプランを大リーグ機構が持っているという報道があった（ネバダ州に大リーグ球団はない）。移転候補球団としてオークランド・アスレチックスが挙げられていることも。

この報道を知った瞬間、私はすぐに思った。〝アスレチックスの本拠地は移転させちゃマズイことになったんだよなぁ〟。

アスレチックスが１９６８年から本拠地球場として使っているオークランド・コロシアム。そのグランド部分だけを〝リッキー・ヘンダーソン・フィールド〟という名にするという発表が2017年2月にあった。アスレチックスに在籍して活躍した名選手、リッキー・ヘンダーソンを讃えての命名だ。せっかく命名したんだからラスベガスへ移転なんかしちゃマズイだろう。ラスベガスに移って、そこの球場のグラウンド部分を〝リッキー・ヘンダーソン・フィールド〟という名にすればイイ？　それもマズイだろう。オークランド・コロシアムのグラウンドはリッキー・ヘンダーソンが実際にプレーして偉大な足跡を残した場所だからこそ〝リッキー・ヘンダーソン・フィールド〟という名が似合うのだ。

たとえば1991年5月1日、ここで行われた対ニューヨーク・ヤンキース戦の4回裏。リッキー・ヘンダーソンは三塁への盗塁に成功して通算盗塁数939という大リーグ新記録を樹立した。その瞬間、リッキー・ヘンダーソンは三塁ベースを頭上に持ち上げ歓喜に浸った。そしてセレモニーでは周囲の人々、ファン、家族、かつて世話になった監督などに向けた心温まるスピーチをした。

我を忘れた歓喜の姿と、きちんと気配りされたスピーチ。抜群の組み合わせだった。これに比べると、アスレチックスと大リーグ機構の組み合わせはチグハグしていて心配になってくる。……アスレチックスは〝リッキー・ヘンダーソン・フィールド〟という命名をしているのに、大リーグ機構はアスレチックスのラスベガス移転を考えているなんて変じゃないですかね。

アスレチックスの本拠地移転に関しては色々な案が浮かんでは消えるという複雑な経緯があ

ったが、2028年から本拠地をラスベガスにすることが2023年11月に正式に決まった。

〝名門〟に生まれた高校生

2017年5月。米国に出かけていた私は書店でニヤッとしてしまった。粋なタイトルの本を見つけたから。2016年出版の本『HOME GAME』。

2人の共著だが、筆頭著者のブレット・ブーンは元大リーガー（2005年をもって引退）。約4年半にわたってシアトル・マリナーズでイチローと同僚だった。2001年には打点王になっている。

ブレット・ブーンの父も祖父も大リーガーだった。つまり、ブーン家は3世代連続で大リーガーという〝名門〟なのだ。ブレットの弟も大リーガー。2017年からニューヨーク・ヤンキースの監督を務めているアーロン・ブーンだ。

こういう〝名門〟は何例あるのか？　4例と考える人と、5例と考える人に分かれる。どうしてそんなことになるのかを説明していると長くなるので省略。

それはともかく。本のタイトルは粋でニヤッとさせられる。HOME GAME（ホームゲーム）は本拠地で行う試合のことだが、HOME（ホーム）には家という意味がある。つまり、ブーン家とひっかけたタイトルになっているのだ。

この本を紹介しようと思ったキッカケがある。2017年6月30日の『朝日新聞』夕刊の記

事。〃ブレット・ブーンの息子さんで18歳の高校生、ジェイク君が今年の大リーグのドラフト会議でワシントン・ナショナルズから指名された。もしジェイク君がプロ入りして大リーグまで昇格すれば史上初の4世代連続大リーガーになる……〃という記事。

　では、本の内容を簡単に。

ブレット・ブーンは祖父や父のことにも触れているし、自分については赤裸々に語っている。

　3世代連続大リーガーはブーン家が最初で、3世代連続大リーガーすべてがオールスターゲーム出場選手に選ばれているのはブーン家だけとも書いている。……どちらも〃名門〃を何例と考えようが正しい。

　ジェイク君についても書いている。たとえば〃たぶんジェイクは大リーガーになるだろう〃。プロローグとエピローグに相当する部分なんてジェイク君に関することが中心。で、ブレット・ブーンが引退してから11年も経ってから本を出版する気になったのはジェイク君がオール

『HOME GAME』表紙

スターゲーム出場選手に選ばれるくらいの大リーガーになる目処がついたからなのかと思いたくなる。

最後に表紙の写真について説明しておきます。左から父、ブレット、祖父、弟。さすがに表紙にジェイク君の写真を載せるということまではしていません。

２０２４年までにジェイク君が大リーグで活躍しているというニュースは入ってきていない。

愉快なことをするスーパースター

試合中に愉快なことをする大リーガーがいる。しかもスーパースターという大リーガー。たとえばミゲル・カブレラ。デトロイト・タイガースで16年間プレーし、マイアミ・マーリンズを経て２０２３年を最後に引退。通算安打３０００本以上、本塁打５００本以上を達成している。２０１２年には大リーグで45年ぶりの三冠王になっている。

そのカブレラは打席に立つときは対戦球団の捕手と笑顔で楽しそうに話をすることが多かった。一塁の守備についているときは必ずと言ってもイイほど走者に笑顔で声をかけたり、走者の体に触ったりしていた。走者の後ろから突然抱きついちゃうこともあった。でも誰も怒らない。イチローも後ろから抱きつかれたことがあるが、相手がカブレラだからか怒るどころか気にする様子さえ微塵も見せなかった。なんせカブレラはスーパースターだから。……愉快なことをしても誰からも許されるのは実力を伴った人物だけかもしれませんね。

試合中に愉快なことをするスーパースターは他にもいるのか？　います。エイドリアン・ベルトレ。テキサス・レンジャーズなど4球団でプレーして２０１８年を最後に引退。通算安打３１６６本。可愛らしい顔のカブレラとは違って恐そうな顔をしているが、性格は抜群にイイ男。

ベルトレは頭を触られるのが嫌いというのは有名だったのだが、テキサス・レンジャーズにはわざとベルトレの頭を触って逃げるといういたずらを何度もする同僚がいた。いつもベルトレは怒ってその同僚を追いかけるが、本気で怒っているわけではなかった。これは観客を楽しませるための定番ショーだったのだ。

ちなみに。他球団の選手に対していたずらを何度も繰り返している男がいた。もちろん、ミゲル・カブレラです。

80年以上が過ぎて思うこと

ほとぼりが冷めたので、私の考えを言っておこうと思う。２０１２年から１７年まで６年間大リーグでプレーした青木宣親（あおきのりちか）に関することだ。

青木は外野手だが、２０１７年６月30日の試合で9回表の１イニングだけ投手としてプレーした。大差で負けていたので、本物の投手を疲れさせないための策だ。選手たちも観客も面白がり楽しんでいたが、青木が所属するアストロズのヒンチ監督は試合後に青木をねぎらいつつ「私はこういうことに娯楽性があるとは思わない」というようなことを言っていた。

それから6日後の7月6日。シカゴ・カブスの外野手ジョン・ジェイが大差で負けている試合の9回表の1イニングだけ投手としてプレー。試合後、カブスのマドン監督は「最後に明るいことをしたかったんだ」というようなことを言っていた。

外野手に同じことをさせた監督でも考えがずいぶん違うわけだ。

日本では青木が投手としてプレーしたことについて賛否両論あったようだ。〝チームのために貢献した〟とか〝面白かった〟といった賛成派と、〝打者に失礼だ〟とか〝3点も取られた青木は不様だった〟といった反対派。では、私の考えは？

こういうことって好き嫌いの問題としか私には思えない。好き嫌いについて議論したって平行線のままだろう。で、私は賛成とも反対とも言いたくない。その代わり、ほぼ80年前の出来事について。

私が心底惚れたただ1人の大リーガー、テッド・ウィリアムズは〝打撃の神様〟と呼ばれる。大リーグで打撃三冠王に二度なった男は2人しかいないが、そのうちの1人。

さて。1940年8月24日、ボストン・レッドソックスはダブルヘッダーの第1試合で大差をつけられた。で、8回表から外野手のテッド・ウィリアムズが投手に変身して9回表まで2イニング投げた。……3安打を打たれ、1点を失った。

この、テッド・ウィリアムズが大リーグで一度だけ投手としてプレーしたときの写真（投球フォームから祭するに直球ではなくカーブを投げていると思える写真）を私は大事に持っている。とても貴重な写真と思うからだ。

今から80年以上経ってから野球マニアの中には、日米通算２０００本安打を達成した青木が大リーグで投手としてプレーしたときの映像を貴重と思う人がいるに違いない。

安打数と三振数

２０１７年、ファンを熱狂させる大リーガーがいた。大リーグにデビューして2年目、25歳の若者だ。ニューヨーク・ヤンキースの外野手、アーロン・ジャッジ。身長が2メートルを超える大型選手。

ジャッジは開幕直後から本塁打を打ちまくっていた。しかも凄いスピードで飛んで行く凄い飛距離の本塁打。さらに打率も高く、打点も多かった。で、5月〜6月ごろには既に〝ジャッジは三冠王になるかもしれない〟と騒ぐ人が大勢いた。

でも私は、〝あの打法では三冠王は無理だなぁ〟と思っていた。

ここから素人のくせにメチャクチャ生意気な技術論を書くことになりますがご勘弁を。

ジャッジの打法にはとても気になる点がある。簡単に言うと、手首を立てたまま腕を回転させる時間が長すぎる。こうした腕の回転ではバットでボールを捉えられず空振りになってしまう確率が高くなる。つまり、三振が多くなってしまう。

というわけで、私はジャッジにさほど注目していなかった。

ところが、オールスターゲームのとき（つまり、シーズン前半が終わったとき）になっても〝ジャッジが三冠王になる可能性がある〟と騒ぐ人が大勢いるではないか。そんなはずがないと驚いた私は、すぐにジャッジの成績をチェックしてみた。本塁打は30本で1位、打率は３割2分9厘で3位、打点は66で2位。この数字だけを見ると三冠王の可能性があるように思える。しかし安打数は99なのに、三振数は１０９ではないか。シーズンの前半が終わった時点で安打数より三振数のほうが多い打者が三冠王になる可能性があるとは私には到底思えなかった。

もちろん（？）、最終的にジャッジは三冠王になれなかった。ホームラン王にはなったが、三振数はアメリカン・リーグで一番多い２０８。安打数は１５４。

ここで、参考までに20世紀とともに始まった近代大リーグの三冠王について。12人が計14回達成しているが、そのうち13回は三振数が安打数の半分以下。残りの1回も安打数１８８で三振数99（ほぼ半分！）。

ジャッジはその後も大活躍している。ホームラン王と打点王になった年が2回もあって、そのたびに三冠王になるんじゃないかと騒ぐ人たちが大勢いた。でも私はジャッジは三冠になれるわけがないと思い続けていた。ジャッジの三振数が安打数より少なかったのは２０２４年だけだし、その年も安打数１８０に対して三振数１７１でギリギリ安打数のほうが多かったにすぎない。

では、どうして三振数を問題にするのか？　三振数を問題にするにしても、どうして安打数と比較したりするのか？　これには私の野球観だけではなく人生観も絡んでいるので詳細に語るのは恥ずかしい。で、ホンの一部だけを。

こう言う人がいる。「三振でアウトになるのもゴロやフライを打ってアウトになるのもアウトであることに変わりはない。どちらでアウトになろうが同じ」。私の考えはまったく違う。三振でアウトが最悪だ。ボールにバットを当てればラッキーな内野安打やポテンヒットになることだってあるではないか。グラウンド内に飛んだボール（本塁打は除く）の約3割は安打になるというデータもあるくらいなのだ。

何事もやってみなくちゃわからないのが人生だ。ボールにバットを当てれば何が起こるかわからないんだから、とりあえず当てなきゃ。当てずに三振なんて、人生を途中で投げてしまっているのと同じだ。

ではここで、歴史的事実を。

打数を三振数で割ると、何打数に1回の割合で三振しているかわかる。当然ながら、この数値が高いほど三振しにくい打者ということになる。20世紀とともに始まった近代大リーグでは、各年の首位打者はすべてこの数値が4を上回っている。言い換えると、4打数に1回も三振しているようでは首位打者にはなれない。12人が計14回達成している打撃三冠王では、もっと厳しくなる。14回すべてでこの数値が5を上回っているのだ。つまり、５打数に1回も三振しているようでは打撃三冠王にはなれない。

21世紀が始まった２００1年、20世紀の１００年間に大リーグで一度も起こらなかったことがいきなり起こった。１球団だけだが安打数より三振数が多くなったのだ。その後、徐々に増えて２０１６年に7球団にまでなった。これじゃ数年以内に大リーグ全体で安打数より三振数のほうが多くなるかもしれないと思っていたら、２０１８年にホントにそうなってしまった。その後、２０２４年までズッと大リーグ全体で安打数より三振数のほうが多いままだ。打者が本塁打を狙って強振する傾向が強くなったことなどが理由だと思うが、私の野球観と人生観からすると実に寂しい変化だ。

実業家、映画俳優、そして……

世の中には同姓同名の人たちはいくらでもいる。大リーガーも例外ではない。ここではチョット面白い（？）例を３つ。

まず、１９９５年をもって引退したハワード・ジョンソン。大リーグで内野手や外野手として14年間プレーした。超一流とは言い難かったが、一度だけ本塁打王と打点王になったことがある。では、どういう人物と同姓同名なのか？　北米で展開するモーテルなどの一大チェーンを創業した実業家。系列下のモーテルなどの名もハワード・ジョンソンとなっている。大リーガーのハワード・ジョンソンが現役時代、米国でドライブしていた私はハワード・ジョンソンという名のモーテルを目にするたびにニヤッとしていた。

次は、ウィル・スミス。この名前の現役大リーガーが2人いる。投手のウィル・スミスと捕手のウィル・スミス。この2人と同姓同名の有名な現役映画俳優がいますね。投手のウィル・スミスはその俳優と「会いたいな。会ってもらえるような選手になるよ」と言っていたらしいが、実際に会うことができたのかはわからない。

最後は現役外野手のビリー・ハミルトン（2023年のシーズン終了後にFAとなったが、2024年は大リーグで一度もプレーしていない）。2012年、大リーグに昇格する前のビリー・ハミルトンはマイナーリーグで凄いことをやってのけた。マイナーリーグ史上最多記録となる年間盗塁数155。で、大リーグに昇格すれば年間盗塁数100以上をすぐに達成すること間違いなしと予想する専門家が米国にはけっこういた。私は〝そんな予想しちゃってイイのかなぁ。世の中はそんなに甘くないけどなぁ〟と思っていた。だって、20世紀とともに始まった近代大リーグの100年以上の歴史で年間盗塁数100以上を一度でも達成したのは4人だけなんですよ。

ビリー・ハミルトンは2013年から大リーグに昇格したが、盗塁数が100以上だった年は一度もない。盗塁数が一番多かったのは２０１７年の59にすぎない。盗塁王になったことすら一度もない。

では、どうして専門家の予想を裏切ることになってしまったのか？　理由は３つ。①やっぱり世の中は甘くない。②故障することが多い。③19世紀の大リーグで年間盗塁数１００以上を４回も達成したビリー・ハミルトンと、同姓同名なのでプレッシャーを感じてしまっている。……③のプレッシャー云々という部分だけ冗談です。

どうしてもやりたかった

２０１７年の夏。私はニューヨークで10日間過ごした後、隣のペンシルベニア州に移動した。ペンシルベニア州には大リーグ球団が２つある。米国独立宣言が行われたことでも有名な州最大の都市フィラデルフィアにフィラデルフィア・フィリーズ、かつては鉄鋼の街として栄えた州第２の都市ピッツバーグにピッツバーグ・パイレーツ。私が訪ねたのはピッツバーグだ。

パイレーツの本拠地球場「ＰＮＣパーク」は市内を流れるアレゲニー川の北岸に接するように立っている。川との間には遊歩道があるだけと言ってもイイ。

さて。私はアレゲニー川の北岸の遊歩道に立った。「ＰＮＣパーク」を背にして。そして、川向こうに立つ駐車場ビルを見つめた。〝あの駐車場ビルだ。あのビルの６階の左から２番目の隙間だ。間違いない。映画では、あそこから狙撃犯がライフル銃で「ＰＮＣパーク」の前に

川向こうに建つ駐車場ビル

いた5人を撃ち殺したんだ〟。

私は川に架かった橋を渡って駐車場ビルに向かうことにした。ビルの中に入り、狙撃犯がライフル銃を撃った6階まで行きたかったから。

私が歩いて渡ったのは「ロベルト・クレメンテ橋」。パイレーツが生んだスーパースター、ロベルト・クレメンテ（1972年に不慮の事故で死去。享年38）を讃えて名付けられた橋だ。……「ロベルト・クレメンテ橋」の東にある橋は「アンディ・ウォーホル橋」。ポップアートの巨匠、ウォーホルはピッツバーグ出身なのだ。で、橋に名前が付けられているだけではなく、立派な「アンディ・ウォーホル美術館」が「PNCパーク」のそばにある。「アンディ・ウォーホル橋」の東にある橋は「レイチェル・カーソン橋」。環境保護活動の先駆けとなった名著『沈黙の

駐車場ビルから川越しに見える「PNCパーク」

春』を書いたカーソンはピッツバーグ近くの街で生まれ育っている。

駐車場ビルに着いた私は躊躇（ちゅうちょ）した。〝車を駐車するわけでもないのに中に入り込んじゃマズイかもしれない。見つかったら、車を狙った窃盗犯と疑われて厳しく問い詰められるかも。狙撃犯がライフル銃を撃つシーンの撮影が行われた場所でオレがやりたいと思っていることを説明すれば納得してもらえるかなぁ。無理だ。納得してもらえっこない〟。

それでも私は意を決してビルの中に入り込んだ。そして、階段を上っていった……。

人気俳優トム・クルーズ主演の米国映画『アウトロー』（２０１２年）では冒頭でピッツバーグの風景がチョット流れてから、このビルの６階から狙撃犯がライフル銃で

「ＰＮＣパーク」の前にいる５人を撃ち殺すシーンへと続いていく。私は狙撃犯の真似をしたかったのだ。ライフル銃の代わりにデジカメで。

映画では狙撃犯がライフル銃を構えた瞬間、川向こうの「ＰＮＣ ＰＡＲＫ」という大きな文字が映る。とても大事なシーンだ。このシーンがなければ、日本のほとんどの方は映画の舞台がどこかわからないまま映画を観終わることになるから。冒頭で流れる風景でピッツバーグとわかる日本の方はごくわずかしかいないはずだ。でも「ＰＮＣパーク」がパイレーツの本拠地球場と知っていれば舞台がどこかハッキリわかる。これ以外にハッキリわかるシーンはない。

大リーグに興味があれば映画の舞台がどこかまでわかってしまうということです。舞台がどこかなんてイチイチ気にしながら映画を観たりしない？　そうですか。私は舞台がわからないなんてイヤですけど。

ところで。この映画の原作小説、リー・チャイルド著『アウトロー』（講談社文庫、訳・小林宏明）では舞台はインディアナ州の街だ。では、どうして映画ではペンシルベニア州ピッツバーグになったのか？　その理由（と思われること）がリー・チャイルドの他の小説に出てくる。『ネバー・ゴー・バック』（前同）にこういう文章があるのだ。《ピッツバーグが人気のある映画制作の街であることをなにかで読んだことがあった。あらゆる種類の映画がすでにそこでつくられてきたが、さらに多くが計画されていた》。

私は狙撃犯がライフル銃を構えた瞬間のシーンと同じ写真を撮ってから、アレゲニー川に架

クレメンテ像の足に名刺を３枚立てかけて〝撮影成功〟（左はその拡大）

かった橋を歩いて「ＰＮＣパーク」に向かった。どうしてもやりたいことが他にもあったから。

「ＰＮＣパーク」の一般入場口は４つだが、その各々の前にパイレーツが生んだスーパースターの銅像が立っている。全部で４人の銅像になるわけだが、その４人の中で一番のスーパースターはセンター側入場口に銅像が立つロベルト・クレメンテと言ってイイだろう。１９７２年に亡くなっているが、今でもクレメンテの背番号21が付いたユニホームを着て「ＰＮＣパーク」で観戦しているファンがけっこういる。

　クレメンテは通算安打３０００本を達成した１９７２年の大晦日、大地震が起こったニカラグアに救援物資を運ぶために自ら乗り込んだ飛行機が墜落して亡くなった。……大リーグでは慈善活動などに熱心に取り組んでいる選手を毎年1人選んで賞を与えているが、その賞の名は「ロベルト・クレメンテ賞」。

さて。米国映画『ミッシングＩＤ』（２０１１年）の主人公はピッツバーグの郊外で暮らす18歳の少年。高校生だ。ひょんなことから自分の奇妙な生い立ちを知ったために悪漢（大人です）と戦うことになる。そして迎えるラストのクライマックスの舞台は「ＰＮＣパーク」。少年が悪漢に「ＰＮＣパーク」に来いと伝えたのだ。悪漢が「ＰＮＣパーク」のセンター側入場口まで来ると、少年から携帯電話で連絡が入る。〝そこの銅像の足の裏にチケットを貼っておいたから、球場の中に入ってチケットの席まで来い〟。悪漢は銅像、つまりロベルト・クレメンテの銅像の右足の裏をさぐり、少年が貼ったチケットを見つける。

私はこれを真似た状況をつくって写真撮影したかった。でも足の裏にチケットを貼ると、うまく撮影できない。足の裏にチケットを立てかけて撮影しようと試みたが、チケットは薄いので風で飛んでしまう。で、私の名刺を３枚立てかけて（1枚だと風で飛んでしまうから）撮影。……映画とは微妙に（？）違う感じになってしまったが、それでも満足（前ページに掲載）。

次に、私は「ＰＮＣパーク」の中に入ることにした。悪漢と戦う少年の行動を真似したかったから。で、「ＰＮＣパーク」の中に入るチケットを購入した。ただし、パイレーツの試合が行われていない日に球場内をガイドさんが案内してくれるツアーに参加するためのチケット。私が真似したい少年の行動は大観衆がいるとマズイのだ。

PNC パーク内の階段と並んだエスカレーター

午前10時から始まったツアーの参加者は幼い子供を含む15人。私を除く14人はすべて米国人だ。

ガイドさんは広い球場内を隅々まで案内してくれた。ベンチの中、記者席、豪華な食事を摂りながら観戦できる特別席、ロッカールームの中……。

ロッカールームでは、入り口に一番近いロッカー２つをスター選手のアンドリュー・マカッチェンが使っていた。やっぱりスター選手は特別なのだ。ところがマカッチェンは、その年の１月にトレードでサンフランシスコ・ジャイアンツに移ってしまった。……こういうことが珍しくないのが大リーグです。

ツアーが終わりかけた頃、遂に私が目指していたものが見えてきた。階段と並んだエスカレーターだ。

少年は悪漢との話し合いが決裂した後、球場内を必死に走って逃げる。悪漢を球場外の或る場所におびきよせるために。その際、このエスカレーターの上を被うガラスの斜面をカッコ良く一気に滑り降りる。私はこれを真似したかったのだ。ガイドさんにダメと言われても、しつこく懇願するつもりだった。

でも、実物を目にして怖くなってしまった。こんな凄い斜面だったのかぁ。少年は妙に体を鍛えた武闘派だけど、オレは自堕落派なうえにトシいってる。そんなオレがこんな凄い斜面を滑り降りたらどうなるかわかったもんじゃない。で、ガイドさんに頼むのはやめて写真を撮るだけにした。

リズム&ブルースの名曲

2018年から2020年までの3年間を大リーグでプレーした平野佳寿（ひらのよしひさ）投手。所属球団は最初の2年間がアリゾナ州の州都フェニックスが本拠地のアリゾナ・ダイヤモンドバックス。最後の1年がシアトル・マリナーズ。

ダイヤモンドバックス時代の平野は先発投手ではないし、最後を締めるクローザーでもなかった。先発投手とクローザーを繋ぐ中継ぎ投手という比較的地味な役回りだったが、見事な活躍をした。26試合連続無失点という球団新記録まで達成したくらいだ。その平野に関して私がフッと思ったことがある……。

米国には『ルート66』というリズム＆ブルースのスタンダードナンバーとなっている軽快な名曲がある。この名曲をダイヤモンドバックス時代の平野が軽快に投げて相手球団を無失点で抑えたときに球場内に大音響で流して欲しいと私は思ったのだ。理由は３つ。

①平野の背番号が66だったから。

②イリノイ州のシカゴからカリフォルニア州のロサンゼルス近くのサンタモニカまで、約4000キロにわたって続く国道66号線（ルート66）は、米国を代表する道路だった。でも第２次世界大戦後に州間高速道路網が整備されると衰退し始め、1985年には正式に廃線と決められた。それでも一部は保存されているし、かつてルート66だった道路を辿（たど）って旅するファンが今でもけっこういる（私もその１人）。この道路を軽快な曲にした『ルート66』は1946年に発表されたものだが、私のような団塊の世代にとっては忘れ難い曲でもある。日本で1960年代に放映された米国製連続テレビドラマ『ルート66』の主題曲として毎回流れていたからだ。

③ルート66はアリゾナ州も通っている。そして、名曲『ルート66』の歌詞にはルート66が通っているアリゾナ州の街の名前が３つも出てくる。そのうちの１つ、フラッグスタッフは日本と縁がある。この街にある有名なローウェル天文台を造ったパーシバル・ローウェルは日本研究家としても知られているのだ。明治時代に何度も来日し、日本についての本を何冊も書いて

いる。40年ほど前にローウェル天文台を訪ねた私は、石川県穴水町が寄贈した顕彰碑を目にして嬉しくなった。……ローウェルは穴水町を訪ね、本の中で紹介している。

こうしたことを私はダイヤモンドバックスの公式ホームページにメールで伝えたのだが、何の返事もなかった。残念。

ニューメキシコ州アルバカーキ

2017年5月。私は米国でドライブ旅行をしていた。内陸部の田舎を中心にアッチャコッチャ走り回るドライブ旅行。快適な旅だった。快晴の日の連続だったし……。

5月19日、カンザス州で州間高速道路70号線（I―70）に入り西に向かって走り始めた。I―70は米国のほぼ真ん中あたりに位置する州を東西に繋ぐ州間高速道路だ。

その日、私は西に走り続けて一気にロッキー山脈を越えるつもりだった。快晴の下で越えるロッキー山脈には何物にも代え難い魅力がある。ところが、カンザス州を抜けて西隣のコロラド州に入ると雲行きが怪しくなってきた。何だか雨が降ってきそうな感じなのだ。コロラド州の州都デンバーまで来たところで私の生存本能が頭をもたげた。〝このままロッキー山脈に突入するのはまずいかもしれない。とりあえずデンバーでモーテルにチェックインして様子を見よう〟。モーテルのテレビをつけると、デンバー周辺に吹雪警報が出ていると報じていた。吹雪？　この5月に？　ホントかなぁ。

アルバカーキ・アイソトープスの本拠地球場「アイソトープス・パーク」

翌20日、起きてみると吹雪だった。どうしよう？　まだ猛吹雪ではないと思うから逃げよう！

デンバーでは東西に走るI―70と南北に走るI―25が交差しているので、I―25に入り南に向かって逃亡開始。

生きた心地がしないままI―25を慎重に走り続けて逃げ切ることに成功。そして、ひたすら暑いだけで雪も雨も降っていないニューメキシコ州アルバカーキ（州都ではないですが、州内最大の都市です）のモーテルにチェックイン。

翌21日の朝、快晴の下に広がるアルバカーキの風景をモーテルの窓から眺めていた私はフッと思った。〝そうだ、アルバカーキには風変わりな名前の野球チームがあったっけ。その野球チームの本拠地球場に行ってみるか〟。

大リーグ球団コロラド・ロッキーズ傘下のマイナーリーグ球団「アルバカーキ・アイソトープス」の本拠地球場「アイソトープス・パーク」。

アイソトープ（isotope）とは、同じ原子番号なのに核を構成している中性子の数が異なる元素のこと。これで、この球団と球場の名前が如何に風変わりなものであるかおわかり頂けると思う。

こういう風変わりな名前が球団（と球場）に使われるようになった経緯は米国ではけっこう有名。詳細を知りたい方には自分で調べて頂くことにして、ここでは簡単に。

他の都市にあったマイナーリーグ球団がアルバカーキに移転することが決まった際に球団名をどうするかアルバカーキ市民からアンケートをとってみると、「アルバカーキ・アイソトープス」がイイという意見が圧倒的に多かった。で、それが採用されることになった。では、この名前がイイという意見が多かった理由は何か？　それは、米国のテレビの『ザ・シンプソンズ』という人気コメディー・アニメ番組の内容にある。

この超有名な番組は毎回、スプリングフィールドという架空の街で暮らす5人家族の風変わりなシンプソン家を中心にして面白いストーリーが展開されていく。そして、この架空の街には「スプリングフィールド・アイソトープス」という野球チームがある。その野球チームがアルバカーキに移転して「アルバカーキ・アイソトープス」になってしまうかもしれないというストーリーの回があった。この回のことを憶えていたアルバカーキ市民が多かったのだ。

　私が「アイソトープス・パーク」を訪ねたのは、雲ひとつない快晴の日曜日だった。コロラドスプリングス・スカイソックス（大リーグ球団ミルウォーキー・ブルワーズ傘下のマイナー

『ザ・シンプソンズ』のキャラクター人形

リーグ球団）とのデーゲームが行われるとのことだったので、観戦することにした。

　球場内には『ザ・シンプソンズ』に出てくる風変わりなシンプソン家の人たちを模した大きな人形が幾つも置かれていた。ヤケに目立つ派手な色の人形ばかり。そんな愉快な球場だが、私にはチョット気になることがあった。唯一の被爆国の国民として。

　アイソトープの性質を利用

して原子爆弾をつくることもできる。そしてアルバカーキの近くにはマンハッタン計画（世界初の原子爆弾をつくる計画です）のために創設されたロスアラモス国立研究所がある。マンハッタン計画の成功によって被爆国となった日本の国民として、アイソトープという名の野球チームがアルバカーキにあるのはチョット気になるのだ。……考えすぎかもしれないけど。

私は「アイソトープス・パーク」で〝原子爆弾〟という言葉を口にしたりはしなかった。いくらなんでも、そんなあからさまなことはできない。その代わり、球場の職員や観客に片っ端から「私は日本から来たんです！」と声をかけてみた。どういう反応が返ってくるんだろうと思いながら。「それは素晴らしい！」と弾けるような笑顔で言ってくれる人や、私とハイタッチをして喜んでくれる人ばかりだった。アルバカーキとアイソトープの組み合わせから原子爆弾を意識している人はいないとしか思えなかった。……やっぱり私は考えすぎだったようだ。

試合開始前の国歌演奏の際、私は周囲の米国人と一緒に座席から立ち上がった。

ここで、その日の試合観戦の前に戻ろう。

私は午前10時頃に「アイソトープス・パーク」に出向き、午後1時35分から始まる試合のチケットを買った。でも、すぐ球場に入れるわけではなかった。観客の入場は12時半からだったのだ。

入場までの2時間半ほどをどう過ごすか。これがトシいった私にとっては命にかかわる問題

対コロラドスプリングス・スカイソックスとのゲーム開始

「野球の殿堂」の出張展示が行われていた

だった。まだ5月で、しかも午前中だというのに、真夏なみの凄い暑さだったから。日差しは皮膚に痛みを感じるくらいの凄さだったから。飲料水を持たずに来てしまっていたから。つまり、〝オレは熱中症で倒れてしまうかも〟という恐怖を感じていたわけです。……こういうことになってしまうのを地元の方々は知っているからだろう、まだ球場には私以外に観客は誰も来ていなかった。

飲食店に逃げ込むしかないと思ったのだが、球場周囲に飲食店が見つからない。……大リーグの球場でも近くに飲食店が見つからないところがあります。

しかたないので日陰（といってもホンのチョット日陰になっているだけの場所）に入って休むことにした。そしてボーッと周囲を眺めていると、ダダッ広い駐車場の端に人がたむろしているのが見えた。あんなところで何してんだろう？　好奇心が湧いてきた私は悩んだ。〝あそこまで歩いて行って何をしてるか確かめたいなぁ。でもそんなことすると命にかかわるなぁ〟。こういう場合、結局は命の危険を顧みずに好奇心を優先してしまう私です。

炎天下をトボトボ歩いて到着した私は〝ナンダ!?〟と思った。ニューヨーク州のクーパーズタウンにある有名な「野球の殿堂」が出張展示会を行っているようなのだ。急拵え（きゅうごしらえ）の特設会場で。そんなことを「野球の殿堂」がしているなんて知らなかった私は、すぐに13ドル払って会場の中に入って行った。

ニューメキシコ州は米国南西部に位置するが、「野球の殿堂」があるニューヨーク州クーパ

ハンク・アーロンがベーブ・ルースの記録を破った1974年の有名映像

ーズタウンは遥か彼方の北東部に位置する。そんな遠くから展示会のためにわざわざ出張してきたようだけど、ホントにそうなんだろうか？

特設会場に入った私は、まずは係員の若い白人男性をつかまえて訊いてみた。「これってクーパーズタウンから出張してきた展示会？」。男性は素敵な笑顔で答えた。「ええ」。「ということは、この展示会はクーパーズタウンの『野球の殿堂』が直接運営してるわけ？」。「ええ。私たちは大リーグの魅力を伝えるためにトラック７台で全米各地、特に大リーグ球団のないところを訪ねるツアーをしているんです」。たしかにアルバカーキだけではなくニューメキシコ州には大リーグ球団はない。さらに訊いてみた。「どこでも好評？」。「好評だと思います。どこでも入場者は多いですから」。

私は大勢の人たちと一緒に展示会場を隅から隅まで観てまわった。ＩＭＡＸの大スクリーンが置かれた広い舞台が１つ、仮設小屋のような部屋が６つ。これだけだが、実にバラエティに富んだイイ展示が行われている。……私は本物の「野球の殿堂」を訪ね、すべての展示をジックリ観たことがある。その私が感心するイイ展示です。当然ですが本物の「野球の殿堂」の展示には敵(かな)いません。でも、素晴らしい展示です。

ＩＭＡＸの大スクリーンには名選手の名場面の映像が次から次へと流れていた。イチローの映像も流れていたので写真に撮ろうとしたが、シャッターを押そうとすると他の映像に移ってしまったのでガックリ。でも１９７４年にハンク・アーロンがベーブ・ルースの記録を破る通算本塁打７１５号を打ち、妙な闖入者(ちんにゅうしゃ)がいても淡々とベースを回る有名な映像の撮影にはなんとか成功。

仮設小屋のような６つの部屋には名選手の写真やユニホームなどが展示されていた。かなりの数だ。展示会場を出た私は、「野球の殿堂」の真摯(しんし)な努力に心から拍手を送りたくなった。

異国で苦労した男の結論

２０１８年の夏。米国でのドライブ旅行の最終日をいつものように書店で過ごした私は、デービー・ジョンソンの自伝を見つけた。購入して読んでみると実に面白い。……２０１８年は米国で大リーグ関連の面白い本が続々と出版されるという当たり年だった。

１９４３年生まれのジョンソンは大リーグで選手としても監督としても活躍した有名な人物。１９７３年には二塁手として出場した試合で本塁打を計42本も打ち、史上最高の二塁手と呼ばれるロジャース・ホーンズビーが１９２２年に達成した二塁手の年間本塁打記録に並んだ。守備にも定評があり、ゴールドグラブ賞を３回受賞。現役引退後は大リーグの５球団で監督を務めた。ニューヨーク・メッツの監督時代にはワールドシリーズ制覇を果たしている。さらに、オリンピックとＷＢＣでアメリカ代表チームの監督も務めた。

でも、日本の野球ファンの記憶に一番残っているのは読売巨人軍で助っ人外国人として１９７５年から2年間プレーしたことかもしれない。その2年間についてもジョンソンは自伝で触れている。『Land of the Rising Sun（日出ずる国）』と題する14ページにわたる章を設けて。

米国とは違う日本の文化や野球に面食らいつつも henna gaijin と呼ばれたりしないように頑張るジョンソンにチームメートの Sadaharu Oh は優しく接し、素敵な助言までしている。そんな Oh-san をジョンソンが野球選手としても人間としても素晴らしいと思っているのが伝わってくる。……これって、私たちの王さんに対する思いと同じですね。

ところが、監督の Shigeo Nagashima については王さんについてとは違う感じの書き方をしている。選手にとってチームメートと監督は違うから仕方ないが、それだけではなさそうだ。ミスターのことで誤解している面もあるようだから。たとえば、ミスターを周囲の人たちが神

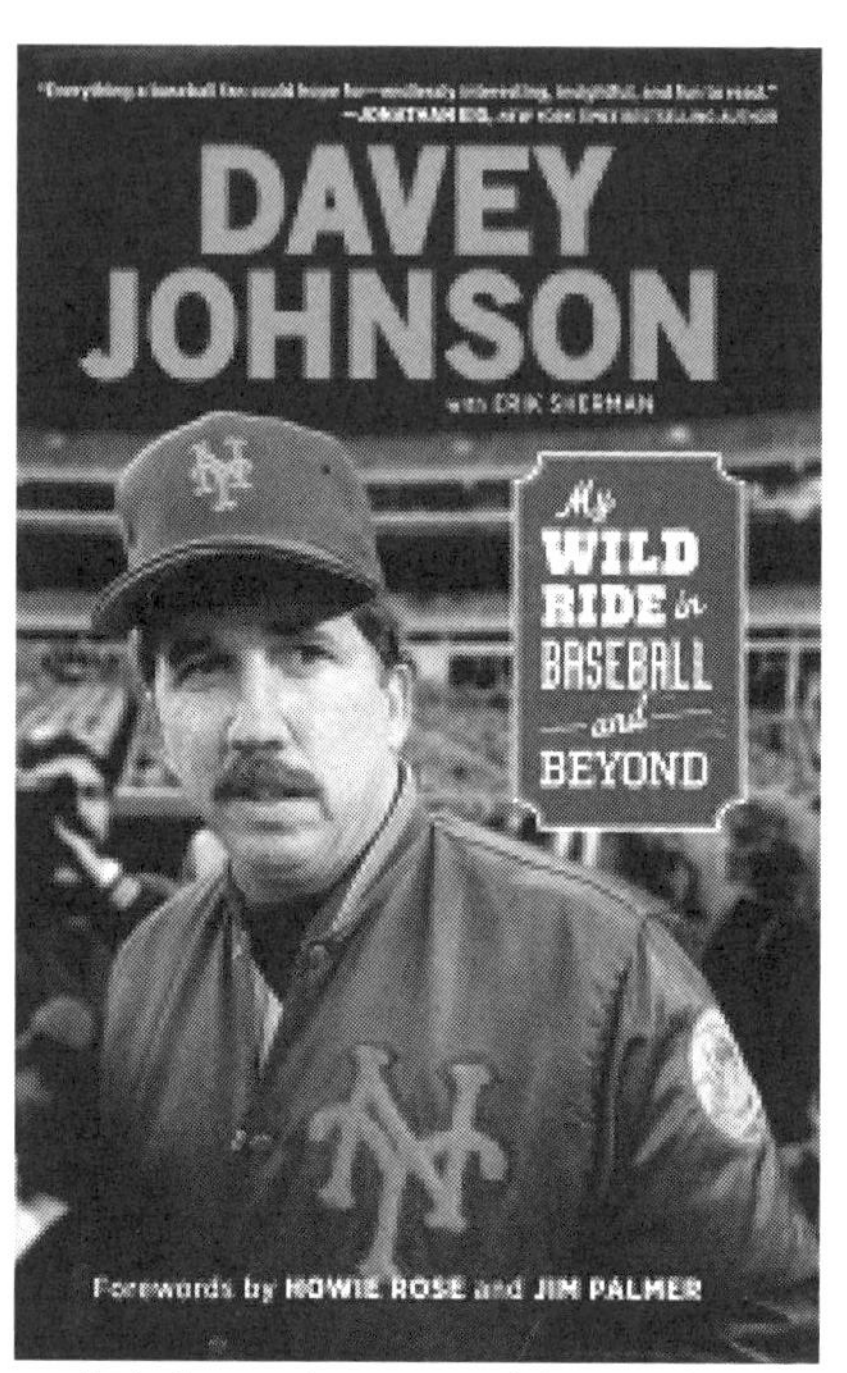

『デビー・ジョンソン自伝』の表紙

様のように扱う理由をジョンソンは誤解しているようなのだ。〝長嶋教〟信者の私が説明してあげたくなる。でもジョンソンは亜希子夫人を絶賛しているから、まぁイイか。

日本で苦労したジョンソンだが、章末で《私は日本のすべてを愛するようになった》と書いている。苦労しながら暮らした異国に対してこういう心境になれるのは素晴らしいことだと思う。

日本人大リーガーは米国に対してどうなのだろう。

イリノイ州の愉快な街

「1060 West Addison Street（西アディソン通り１０６０）」。これが何を表しているか即座にわかる方は相当な大リーグ通もしくは米国映画通なのではないかと思う……。

もし〝米国の真髄を描いた米国映画を1つだけあげろ〟と言われたら、私は『ブルース・ブラザース』（１９８０年）をあげるかもしれない。イリノイ州の大都市シカゴを舞台にイカれた２人のオアニイサンの行動を通して混沌とした米国の様々な側面、宗教・音楽・暴力などを混沌なまま描いている。私の大好きな傑作（怪作？）映画だ。……ハチャメチャなストーリー展開の映画なので、私と違って真面目な方は好きになれないかもしれません。念のため。

この映画は米国の真髄を描いていると私は思っているのですから、もちろん大リーグに関することも出てきます。ホンのチョットだけですけど。住所を訊かれたオアニイサンの一人が平気で嘘をつき、大リーグ球団シカゴ・カブスの本拠地球場リグレー・フィールドの所番地を答えてしまうんです。それが冒頭の表記です。これはリグレー・フィールドのホントの所番地です。

ところで。この所番地のリグレー・フィールドは「W ADDISON ST（西アディソン通り）」と「N CLARK ST（北クラーク通り）」が交差する角にあります。

さて。２０１８年６月、イリノイ州のアッチャコッチャを走り回るドライブ旅行をしていた私はシカゴの西約１８０キロにあるフリーポートという街にも立ち寄った。シカゴのような大都市ではないが、人口が２万人を超える街だ。

この街で１８８１年創業のベーカリーがリング状のスナック菓子 Pretzel（プレッツェル）を大量に作り始めた。で、この街は１８９５年には「Pretzel City（プレッツェルの街）」と呼

「西エンパイア通り」と「南マッキンリー通り」の交差標識

「西アディソン通り」と「北クラーク通り」の交差標識

ばれるようになり、今に至っている。そして、この街の公立「フリーポート高校」のすべてのスポーツのチームには〝Pretzels〟という名前が付けられている。これが米国の有名なテレビ局に〝スポーツチームの愉快な名前〟の１つとしてとりあげられたのでフリーポートは愉快な街として全米で知られるようになった（と思う）。

街に入った私は２本の道路が交差する角にある目的の場所に直行したが、その２本の道路の標識を見た瞬間、ニヤッとした。〝オッ、けっこうやるじゃん〟と思いながら（前ページに掲載）。

道路の標識は2種類あったのだ。①本来の道路名である「W EMPIRE ST（西エンパイア通り）」と「S McKINLEY AV（南マッキンリー通り）」の標識。②特別な栄誉で付けられたという別名の標識。「リグレー・フィールド」がある角を構成するシカゴの2つの道路名の標識だ。②の標識が立っている理由？　それは、ここに〝もう1つの〟リグレー・フィールドがあるからです。シカゴ・カブスの本拠地球場リグレー・フィールドのミニチュア版という小さな野球場だ。

デニー・ガーキーという米国人男性が２００３年、世の幼い子供たちが野球を楽しめるようにリグレー・フィールドのミニチュア版を造ろうと思い立った。そして多くの人たち、多くの企業、さらにシカゴ・カブスの協力まで得てホントに造りあげ、２００８年４月に開場に漕ぎ

ミニ「リグレー・フィールド」の〝小さなカブスの野球場〟

着けたのが、この小さな野球場。……こういうことを思い立つだけではなく実現してしまう人がいるなんてホントに素晴らしいと私は思う。

本物のリグレー・フィールドの正面には〝WRIGLEY FIELD（リグレー・フィールド）〟と表記されているのに、ミニチュア版の正面には〝LITTLE CUBS FIELD（小さなカブスの野球場）〟としか表記されていない。どうしてなのかギフトショップのオネエサンに訊いてみた。知っていそうな人はオネエサンしかいなかったから。でもオネエサンにもわからないとのことだった。

このオネエサンと私は、ヤケに珍妙な（？）やりとりをしたのだが、それについて語る前にミニチュア版と本物の内部の似ている点と違う点について。

本物のリグレー・フィールドでは本塁からセンターの外野フェンスまでの距離は１２０メートルを超える。一方、ミニチュア版では40メートルにも満たない。つまりミニチュア版だけあってサイズは本物の３分の1もないというわけです。

しかし、ミニチュア版は本物の有名な外野フェンスの状態をちゃんと真似ている。まず外野フェンスそのものが本物と同じように褐色(かっしょく)調の煉瓦(れんが)で造られている。ちなみに使われている1万８５００個の煉瓦はすべてネブラスカ州の煉瓦会社が寄付してくれたものだそうだ。本物の外野フェンスの煉瓦は蔦(つた)で覆われているが、これもちゃんと真似ている。ただし本物はびっしり覆われているが、ミニチュア版では密度は低くスカスカ状態の部分もある。でも本物の外野フ

本物そっくりのレフト側ポールの「ヘイヘイ」

エンスを覆っている蔦の一部（正確にはホンの一部らしい）がシカゴ・カブスの好意でミニチュア版に提供されているとのこと。

本物のリグレー・フィールドの外野のレフト側とライト側の端に立っているポール（打球がフェアかファウルか見極めるためのポール）には本塁からの距離と〝Hey Hey（ヘイヘイ）〟という言葉が書かれている。ちなみにレフト側までの距離は３５５フィート（約１０８・２メートル）、ライト側までの距離は３５３フィート（約１０７・６メートル）。そして〝Hey Hey〟は、かつてカブスの試合中継をしていたキャスターがカブスの選手が本塁打を打つたびに口にしたので有名になった言葉です。ミニチュア版のポールにも〝Hey Hey〟と本塁からの距離が書かれていた（前ページに掲載）。こちらの本塁からの距離はレフト側もライト側も40メートルに満たないのだが、書かれているのは本物の球場の距離。……ここまで徹底してくれると嬉しくなるというもんです。

しかし、ミニチュア版は本物の何もかもを真似しているわけではありません。真似できないこともあります。それは、本物では名物としてかなり有名になっているものです。

本物では外野席の向こう、つまり球場の外にあるビルの屋上で試合観戦している人たちがいる。最初は少数の人たちが無料で観戦していたのだが、その人数が増えるとビルのオーナーたちは〝こりゃ商売になる〟と気付き観戦料を取るようになった。今度はカブスとビルのオーナーたちの間でお金を巡るトラブルとなったが、カブスにお金の一部が渡されるようになってからはカブス公認の〝屋上観戦席〟となっている。

これをミニチュア版が真似るのは無理というもんですよね。球場の外にビルまで造らなきゃならないことになるんですから。

大リーグの各球団には専属アナウンサー（もしくは、そう呼んでも差し支えないと思える人）がいます。ラジオ中継だけの時代からテレビ中継全盛の今に至るまで。専属アナウンサーというだけではなく名物アナウンサーとしてファンから愛された人もかなりいます。リグレー・フィールドが本拠地球場の老舗球団シカゴ・カブスにもそういう人がいます。ハリー・ケリー（１９９８年没。享年83）。１９８２年から９７年まで16年間にわたってカブスの専属アナ

ミニ版にも立っていた「ハリー・ケリー像」

ウンサーを務め、カブスのファンから愛された人物だ。リグレー・フィールドの外野席入り口のそばにハリー・ケリーの像が立っている。半端な像ではない。御影石の台座の上に置かれたブロンズ像という実に立派なもの。……こういう類いのことを名選手以外の人物に対しても行うのが大リーグの伝統の1つです。

ミニチュア版にもハリー・ケリーの像が立っていた（前ページに掲載）。本物と違う点が3つほどあったけど。①ブロンズ像ではなく木製の像（だと思う）。②本物よりサイズがやや小さい。③本物と違って一塁側のそばに立っているので絶対に目に入る。本物では外野席入り口のそばに立っているので、像に気付かないまま球場を去ってしまう人がけっこういるのだ。たとえばバックネット裏や内野の席で観戦した人たち。

そういえば、ミニチュア版が開場したのは2008年4月ですが、記念すべき始球式を行ったのは故ハリー・ケリーの奥さんでした。……ミニチュア版は大リーグの伝統もきちんと継承しているということです。

ところで。私がミニチュア版を訪れた土曜日、幼い坊やたちが親御（おやご）さんたちと楽しそうに野球をしていた。その微笑ましい光景を私が写真に撮り始めるとビックリすることが起こった。左打席に立った坊やが右手に持ったバットを前に突き出し、左手で右肩に触れる動作を始めたのだ。つまりイチローとそっくりのポーズをしたわけです。私は坊やの手が空いたところで声をかけた。「ねぇ坊や、さっきはイチローのポーズを真似たのかい？」。坊やは〝この変なオッ

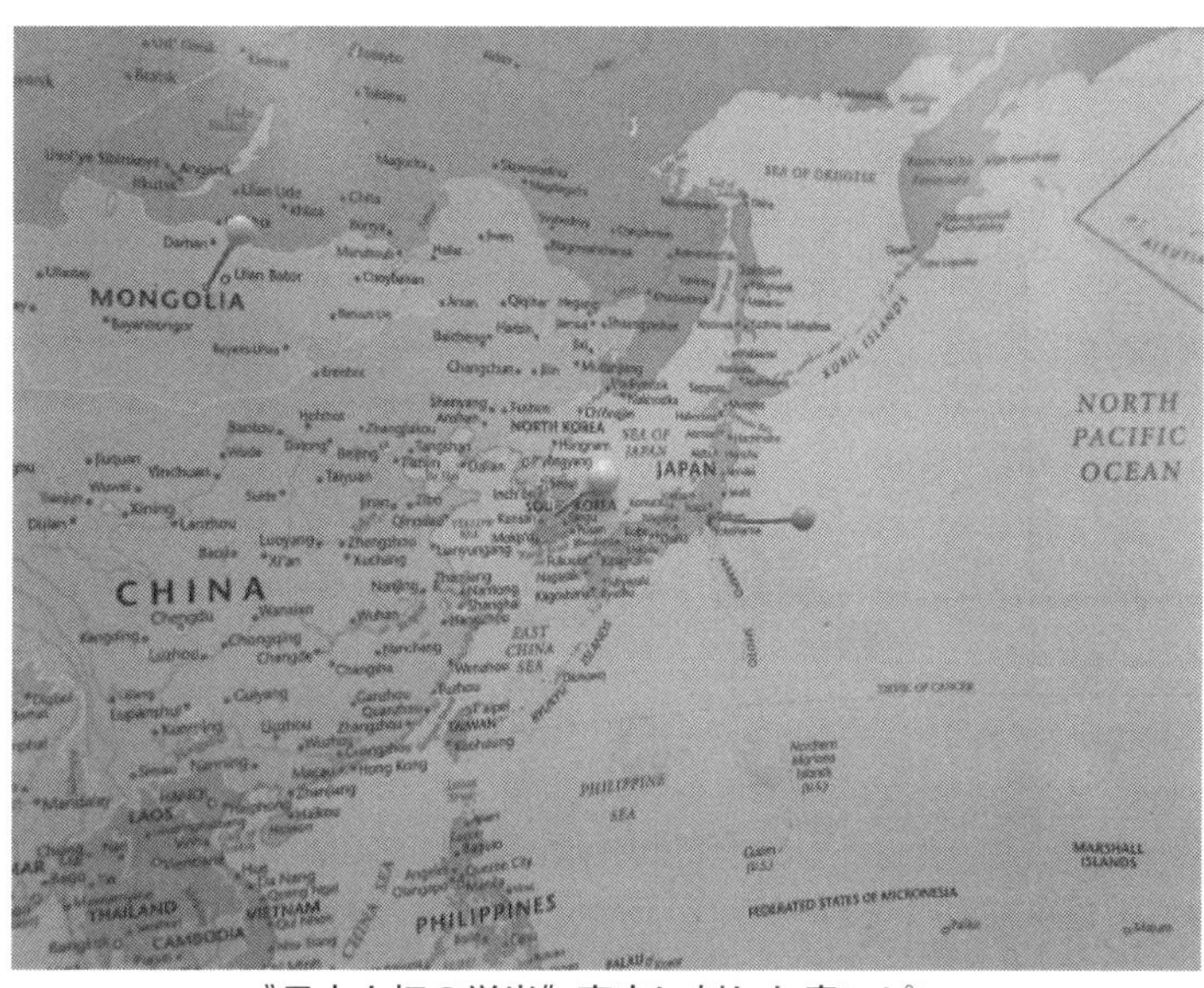

〝日本人初の栄光〟東京に刺した青いピン

サンはナンデそんな当たり前のことを訊くんだろう？〟といった冷ややかな表情で私をしばらく見つめてから、面倒臭そうに頷いた。……どの国にも〝恐るべき子供〟はいるんですね。

では、いよいよギフトショップのオネエサンと私の珍妙な（？）やりとりについて。

ギフトショップの中はシーンとしていた。静寂の極み。係員の白人のオネエサンが１人いるだけで、観光客は誰もいなかったのだ。私はオネエサンに明るく「ハーイ！」と声をかけた。こういう場合、相手も明るく「ハーイ！」と応えてくれるのが普通だ。でもオネエサンは無言で、笑みをチョット浮かべただけ。アララ、このオネエサンはオレの小汚い服装と容貌を怖がってるようだな。こういう場合、私は相手の心を和ませるための努力を惜しまない。ヒマなときは特に。その日の私はヒマの極みだったので努力しまくり。自己紹介したり色々と質問したり。そうこうするうちにオネエサンは普通に話をしてくれるようになった。そうして私を大きな世界地図の前まで案内してピンを1本渡してくれた。

来訪者は自分の居住地にピンを刺すことになっているとのことだった。米国各地には無数のピンが刺してあるし、他の国々にもけっこう刺してある。アジアでは韓国、モンゴル、アフガニスタン、ベトナムに1本ずつ。でも日本にはピンが1本もない。私はオネエサンに訊いてみた。「日本から来たのってオレが最初なの？」。「えぇ、そうなんです」。

私は東京にピンを刺し、日本人初の栄光を手に入れた。……何であれ努力を惜しまず栄光を手に入れるのは嬉しいもんです。

シカゴ・スポーツ博物館

2018年の夏。久しぶりにシカゴを訪れ5泊した私は初日に市内で一番賑わう道路をブラブラ歩いた。道路に面したお店やビルを眺めながら。そして〝スターバックスの店がずいぶん多いんだなぁ〟とか〝こんな一等地にユニクロが出店してるなんて凄いなぁ〟と思いながら。

その一番賑わう道路に面して「Water Tower Place」という大きなビルがある。シカゴ市民なら誰もが知っている有名なビルだ。私は中に入り、すぐにエレベーターで7階まで上がった。ハリー・ケリーの名が冠せられたレストランと、それに付設された「シカゴ・スポーツ博物館」があるから。

まずはレストランで食事を摂りながら従業員の方にハリー・ケリーとレストランと博物館の関係を教えてもらうことにした。

ラッキーなことに私が座ったテーブル担当のウエートレスは実に気さくなオネエサンだった。で、注文する前にオネエサンと話をすることにしたのだが、オネエサンは〝早く注文してよ〟といった表情など微塵(みじん)も見せずに付き合ってくれた。

私は自己紹介をしてから、「このレストランはハリー・ケリーがつくったわけ？」と訊いてみた。「あなたは日本人なのにハリー・ケリーのことを知ってるの？」。「オレは大リーグの熱狂的ファンだから」。オネエサンはニコッとしてから説明してくれた。「ハリーが創業して今はご遺族がオーナーになっているレストランは幾つかあるんだけど、このレストランと博物館はハリーが亡くなってからオープンしたもので最初からご遺族がオーナーとなっているの」。そして、こう付け加えた。「でも博物館の展示品にはハリーのコレクションだったものがかなり含まれているのよ」。オネエサンはどういう手順で博物館を見学すれば一番イイかも教えてくれた。

私はステーキを注文した。運ばれてきたのは〝勘弁してよ〟と言いたくなるほど大きなステーキだったが全部平らげた。おかげで前屈不能状態になってしまったので、ゆっくり歩いて博物館に向かった。

ハリー・ケリーの名を冠するレストランと「シカゴ・スポーツ博物館」

博物館の入り口で私は思わずニヤッとしてしまった。いかにも米国らしい愉快なものと出くわしたから。大きなスクリーンにバットを担いだモナ・リザ風の女性が映し出されていたのだ。しかも、女性の両目の下にはわざわざ黒いスミまで塗ってあるという凝りよう。……ここで念のためにチョット。試合中、眩(まぶ)しい太陽の光に対処するために目の下に黒いスミを塗る大リーガーがけっこういます。

私はすぐには博物館に入らなかった。レストランでウエートレスのオネエサンが「まずは博物館の横の廊下の展示品を見るとイイわよ」と教えてくれたから。

廊下の両側の壁には各種スポーツに関する新聞記事・写真・有名選手のユニホームなどが展示されていたが、一番目立つ場所

シカゴ・カブスの歓喜――108年ぶりのワールド・シリーズ制覇

に一番大きく展示されていたのはカブスが２０１６年に１０８年ぶりにワールドシリーズ制覇を果たしたことを伝える新聞に載った写真。左は制覇の瞬間に喜ぶ一塁手のアンソニー・リゾ。右は三塁手のクリス・ブライアント。真ん中はワールドシリーズの最優秀選手に選ばれたベン・ゾブリスト。

　廊下の展示物を見終え、いよいよ博物館の中へ。廊下の展示品は誰でも自由に見ることができるが、博物館に入るにはレストランの入り口で手続きをして手首に巻き付けるバンドをもらっておく必要がある。私は廊下の展示品を見る前から手首にバンドを付けていた。

　館内には各種スポーツの見応えのある展示品が数多くあった。大リーグ関連ではカブスの選手（アンソニー・リゾ、カイル・

シュワーバー、ハビエル・バエスなど）だけではなく、シカゴのもう1つの大リーグ球団シカゴ・ホワイトソックスの選手（ホセ・アブレイユなど）の写真やユニホームなどが展示されていた。

でも、この博物館の一番の目玉は各種スポーツの〝体験型ゲーム〟を楽しめることだ。野球関連では大きなスクリーンに映し出された強打者フランク・トーマスになったつもりで投手が投げるボールを打つゲーム（フランク・トーマスは主にシカゴ・ホワイトソックスで活躍した超有名な大リーガーで、２００８年を最後に引退）。

私は数人の大リーガーを真似た素晴らしい打撃フォームで（？）何度も打ったのだがヒット性の当たりはゼロ。ところが私の後に挑戦した白人のオバサンはハチャメチャな打撃フォームでテキトーに打っただけなのに、いきなりセンターオーバーの大ホームラン。私は呆気にとられた。おいおい、このゲームはどうなってんだよ。オレよりオバサンのほうがイイ結果になっちゃうなんておかしいじゃないか。でも私は気を取り直し、オバサンに「ナイスバッティング！」とテキトーに声をかけてヨイショした。するとオバサンは大喜びで私にハイタッチを求めてきた。私が求めに応じると、オバサンはますます大喜び。……私のテキトーな言動も草の根の日米交流にはなったようで嬉しい。

２０１８年、米国の宇宙飛行士第2期生のジョン・ヤングが逝った。享年87。ヤングは〝伝説の宇宙飛行士〟と呼ばれる。40年以上にわたってＮＡＳＡ（米国航空宇宙局）に勤務し、ジェミニ計画・アポロ計画・スペースシャトル計画で合計6回も宇宙飛行を行った。アポロ計画で月面に降り立った12人の男たちの１人でもある。

その伝説のヤングもジョン・グレンには敵わないかもしれない。ジョークのセンスという点で……。

ジョン・グレン（２０１６年没、享年95）は米国の宇宙飛行士第1期生で、１９６２年に米国人として初めて地球周回軌道を回り全米の英雄となった男だ。宇宙飛行士を引退した後、オハイオ州選出の連邦上院議員を20年以上も務めた。そのグレンが１９９８年に77歳で上院議員のまま久しぶりに宇宙飛行を行うことになった。目的は無重力が老人に与える影響を調べること。

この宇宙飛行の前に行われた記者会見で1人の記者がグレンに厳しい質問をした。「その目的なら上院議員の貴方でなくてもイイんじゃありませんか？　ＮＡＳＡには67歳のジョン・ヤング（Young）がいるんですから」。グレンは即答した。「彼じゃ若すぎるんだ（He is too young）」。記者たちは爆笑しながらグレンの見事なジョークのセンスに拍手を送った。

さて、伝説の宇宙飛行士・ヤングが逝った２０１８年。この年から大谷翔平は大リーグに移り、ロサンゼルス・エンゼルスでプレーすることになった。その前年の12月に米国で大勢の記者やファンの前で行われた正式な入団発表の際、背番号が17に決まった経緯について『朝日新聞』の山下弘展（やましたひろのぶ）記者が質問した。この質問に大谷が「本当は27にしたいなという気持ちがあったんですけども、埋まっていたので17にしました」と答えると、会場の米国人たちは爆笑しながら拍手を送った。背番号27はエンゼルスの現役看板選手マイク・トラウトが付けているものだからだ。

これで大谷が見事なジョークのセンスを持っていることは米国人に伝わった。あとは二刀流の大リーガーとして米国で伝説・英雄になることを目指すだけとなった。

そして、大谷は米国で伝説・英雄となった。

大谷翔平の50—50：その歴史的意義と本当の価値

２０２４年の大リーグで一番の話題となったのは大谷翔平の50—50（本塁打50本以上、盗塁50以上）達成だったと言ってもイイかもしれない。そのくらい50—50達成は素晴らしいことだ。１００年を軽く超える長い歴史を誇る大リーグで誰も達成したことがなかった記録なのだから。

私は大谷の熱狂的ファンだ。大谷の成績に一喜一憂し、大谷が本塁打を打った日や複数安打を打った日は機嫌がすこぶるイイ。それ以外の日は機嫌がチョット悪くなる。そうそう、私は大谷のことを普段は〝オータニクン〟と呼び、友人・知人にメールを送るときも〝オータニクン〟と書いている。これは、知り合いの50代の女性たちが大谷のことを愛情込めて〝オータニクン〟と呼んでいることを教えられ真似するようになったもの。私も大谷のことを愛情込めて呼びたいし書きたいから。

ところで。大谷のファンの方々だけではなくメディアも専門家の方々も〝大谷の50―50は凄い。誰も達成していないことを達成したなんて凄い。本塁打をたくさん打つ選手は身体が大きくて盗塁はそんなにできないのが普通なのに、大谷は両方ともやってのけたのだからホントに凄い！〟といった風に大合唱するだけで、その歴史的意義や、その本当の価値についてきちんと検証・考察していなかった。……これは日本だけではなく、アメリカでもまったく同じです。で、ここで、大谷の50―50の歴史的意義と本当の価値について私の考えを書いておこうと思う。

大谷が50―50を達成したとき、大リーグのもう１つの50―50について誰も触れないことに私は驚いていた。メディアも専門家も触れなかったのだ。その50―50のことをメディアも専門家も知らないのではないかと疑ってしまったくらいだ。で、その、もう１つの50―50から話を始めたい。

１９１２年、トリス・スピーカーが二塁打50本以上、盗塁50以上という50―50を達成した。これは大リーグ史上初の快挙だった。１９０１年から始まった近代大リーグだけではなく、19

世紀の大リーグでも誰も達成したことがなかったのだ。この50―50が次に達成されたのは、ナント、86年も経った1998年。クレイグ・ビジオが達成した。その後は誰も達成していないので、この50―50の達成者は現時点ではトリス・スピーカーとクレイグ・ビジオの2人だけだ。

ここで、とても大事なことを書いておくので、よく憶えておいてください。

①トリス・スピーカーもクレイグ・ビジオもたまたま50―50を達成したわけではない。今から振り返っても2人が達成したことに意外性はまったくないことが記録を詳細に見れば誰にでもハッキリわかるのだ。言い換えると、この2人は50―50達成者に実にふさわしい選手ということになる。まずトリス・スピーカーについて。通算二塁打792本は歴代1位。二塁打数がリーグでトップのシーズンが8回。盗塁王になったことはないが盗塁30以上のシーズンが7回。30―30（二塁打30以上、盗塁30以上のことです。念のため）が5回（この中に50―50も含まれる）、40―40が2回（このうちの1回が50―50）。

次にクレイグ・ビジオについて。通算二塁打668本は歴代6位。二塁打数がリーグでトップのシーズンが3回。盗塁30以上が5回（1回は盗塁王）。30―30が5回。40―40が1回（50―50のときです）。これで二人が50―50を達成したことに意外性などなく、実にふさわしい選手だとわかって頂けると思う。

②トリス・スピーカーとクレイグ・ビジオは同じシーズンに50―50を達成したわけだが、違うシーズンに二塁打50本以上と盗塁50以上の両方を達成した大リーガーはいるのか？　います。

4人。そのうち2人は19世紀に達成した選手。ヒュー・ダフィー（1894年に二塁打51本。盗塁50以上を1889年、90年、91年、92年の4回）とエド・デラハンティ（1899年に二塁打55本、1898年に盗塁58）。あとの2人のうち1人はトリス・スピーカーが50―50を達成してからクレイグ・ビジオが達成するまでの間に登場したベン・チャップマン（1936年に二塁打50本、1931年に盗塁61）。残りの1人はクレイグ・ビジオが50―50を達成した後のブライアン・ロバーツ（2004年と2009年に二塁打50本以上、2007年に盗塁50）。

大谷が達成した50―50について語る前に触れておかなければならないことが、まだある。40―40（本塁打40本以上、盗塁40以上）についてだ。2024年、大谷は史上最速で40―40を達成し、さらに記録をのばして50―50を達成したわけだが、これまで40―40を6人が1回ずつ達成している。ホセ・カンセコ（1988年）、バリー・ボンズ（1996年）、アレックス・ロドリゲス（1998年）、アルフォンソ・ソリアーノ（2006年）、ロナルド・アクーニャ・ジュニア（2023年）、そして大谷翔平（2024年）。この6人のうち、まだ現役選手としてプレーしているのはロナルド・アクーニャ・ジュニアと大谷の2人だけ。2人とも2024年が大リーガーになって7年目だった。

ここで、とても大事なことを書いておくので、よく憶えておいてください。

①同じシーズンに本塁打40本以上と盗塁40以上を達成することはできなかったが違うシーズ

ンに本塁打40本以上と盗塁40以上を達成した選手はいるのか？　います。３人。そのうちの１人は、ホセ・カンセコが１９８８年に初めて40―40を達成する前に達成している。史上最高の万能選手と言われるウィリー・メイズ（本塁打40本以上を１９５４年、55年、61年、62年、64年、65年の６回。１９５６年に盗塁40）。残りの２人はライン・サンドバーグ（１９９０年にホームラン40本、１９８５年に盗塁54）とブラディ・アンダーソン（１９９６年にホームラン50本、１９９２年に盗塁53）。

②30―30（同じシーズンに本塁打30本以上、盗塁30以上）は一度でも達成すれば、それだけでも一流と言う人がいるくらい価値がある。これまで47人が計72回達成している。複数回達成している選手がいるわけだが、最も多く達成しているのはバリー・ボンズとボビー・ボンズ（この２人は父子です！）の５回。次がアルフォンソ・ソリアーノの４回。つまり、40―40を達成した６人のうちバリー・ボンズとアルフォンソ・ソリアーノは30―30を頻回に達成しているのだ。40―40達成者６人のうち、他に複数回達成しているのは２回のロナルド・アクーニャ・ジュニアだけ。念のために言っておくが、以上の３人の複数回の中の１回は40―40です。残りの３人は１回しか達成していない（40―40のときだけです）し、違うシーズンに本塁打30本以上と盗塁30以上の両方を達成したこともない。たとえば、大谷は40―40を達成した２０２４年（50―50を達成した年でもある）以外には本塁打30本以上は３回達成しているが、盗塁30以上は一度もない。

ここで、付け加えておきたいことがある。

40―40を達成した6人のうち、二塁打40本以上も同時に達成した選手、つまり40―40―40を達成したのはアルフォンソ・ソリアーノだけ。２０２４年の大谷は二塁打が38本で40―40―40まで惜しくも二塁打が2本足りなかった。

40―40を二度達成した選手は1人もいないが、二度達成に一番近づいたのもアルフォンソ・ソリアーノだ。２００６年にソリアーノは40―40を達成したが（40―40―40も達成しているが）、２００２年に本塁打39本、盗塁41という成績だったのだ。もし本塁打をもう1本打っていれば40―40を二度達成した唯一の選手として名を残すことができたのに惜しい。さらに言っておくと、この年のソリアーノの二塁打は51本。つまり、もし本塁打をもう1本打っていれば40―40を二度達成した唯一の選手となっただけではなく、40―40―40を二度達成したことにもなったのだ。ソリアーノ以外には誰も一度も達成していないのに。惜しい。実に惜しい。ホントに惜しい。でも勝負の世界で〝もし〟は禁句だろう。結果がすべてなのだから。

では、いよいよ大谷が達成した50―50について。これは大谷が２０２４年に達成するまで誰も達成することができなかったわけだが、違うシーズンに本塁打50本以上、盗塁50以上を達成した選手は2人いる。40―40のところで既に触れたブラディ・アンダーソン（１９９６年に本塁打50本、１９９２年に盗塁53）と、バリー・ボンズ（２００１年に本塁打73本、１９９０年に盗塁52)。

しかし、この2人には問題がある。まずバリー・ボンズ。2001年の本塁打73本はステロイド使用によって達成されたのは確実と言ってイイ。……驚かれるかもしれないが、本塁打をバンバン打った印象が強いバリー・ボンズは2001年以外に本塁打を50本以上打った年は一度もない。

次に、ブラディ・アンダーソン。本塁打50本を達成した前年は本塁打16本、翌年は18本。50本を達成した1996年より前に一番多く本塁打を打ったのは2年前の92年の21本。96年より後で一番多く本塁打を打ったのは3年後の98年の24本。こうした経緯を知ると、96年に本塁打を50本も打ったことを奇妙なことと思うのが普通だろう。実際、96年の本塁打50本はステロイドなどの薬物を使ったから達成できたのだろうと疑っている人がアメリカには当時も今もいるようだ。でも薬物使用の証拠はないし、本人は薬物使用を強く否定している。そして、人間は或る時期だけ突発的に凄いことをやってのけることがある生き物だ。アンダーソンの記録はそうした出来事の一例と考えるのが公平で妥当だと私は思う。でも疑いを持つ人たちはいるだろう。

これで、大谷の50―50の歴史的意義と本当の価値について私の考えを書く準備ができた。

同じ年に二塁打50本以上と盗塁50以上の50―50も、同じ年に本塁打40本以上と盗塁40以上の

40―40も、達成者が突如現れたわけではない。その前に、違う年に50―50、40―40を達成していた選手がいる。……野球というスポーツに限らず世の中のすべての分野・物事について同じことが言えるかもしれない。何の予兆もないのに突如起こることなどほとんどないからだ。

では、大谷の50―50はどうか。一応、違う年に本塁打50本以上と盗塁50以上を達成した選手が2人いたが、１人は薬物使用によるものであることが確実で、もう１人に対しては疑いを持つ人たちがいる。つまり、誰も疑わない予兆はないのに大谷は50―50を達成したのだ。こういう記録達成の仕方は大リーグの長い歴史の中でも極めて珍しいと思う。ひょっとすると他には１つもないかもしれない。

ということは、誰も疑わない予兆があった二塁打50本以上と盗塁50以上の50―50が初めて達成されてから次に達成されるまで86年もかかったのだから、大谷が達成した50―50が次に達成されるのは86年以上も先のことになると言いたくなってくるではないか。永久に誰も達成できないとさえ言いたくもなる。

とにかく、大谷の50―50達成は歴史的に見ても凄いことなのだ。何の前触れもなく突如、凄い天才が登場してきたと言ってもイイくらいのことなのだから。

でも大谷の50―50達成には、ここまで言ってきた〝突如〟とは違う〝突如〟という点で私には言いたいことがある。今は大谷の50―50に問題があると思う人はいないだろうが、１００年後にも同じように問題ないと思ってもらえるか心配なのだ……。

人生観や価値観は人によって違う。当たり前だ。私にも私なりの人生観や価値観がある。その中に、〝何事も1回と複数回では意義が違う〟というものがある。1回だけなら運とか、事の成り行きでたまたまということもあるが、複数回の場合は違う。そうなる必然性がある（のだろう）と言える。

40─40（本塁打40本以上、盗塁40以上）を達成した6人のうち、30─30（本塁打30本以上、盗塁30以上）を複数回達成している3人と40─40のときが30─30を達成した唯一のときという3人に対する私の見方は違う。30─30を複数回達成している3人の40─40は、常に本塁打を打ち盗塁もすると頑張り続けた結果として40─40を達成したと私には思える。一方、残りの3人は1年だけ頑張って40─40を達成しただけなのではないかと私は感じてしまう。常に本塁打を打ち、盗塁をすると頑張った結果とは違うと私には思えてしまう。言い換えると、そういう40─40は記録のための記録にすぎないかもしれないと私には思える。……随分と刺激的で生意気なことを言ってしまったものだと自分でも思う。30─30を複数回達成していないけど40─40を達成した3人にはそれぞれの事情があるのかもしれないし、そうした事情は調べればわかるのかもしれないのだから。でも、100年後の人たちはそういう事情を調べたりしないだろう。今の私ですら億劫だから調べようと思わないのだから。

30─30を複数回達成していない大谷の50─50（40─40でもある）も常に本塁打を打ち、盗塁をすると頑張った結果とは思えないと言われても仕方ないのではないか。記録のための記録にすぎないと思われても仕方ないのではないか。

これには猛反発する人ばかりだろう。〝大谷は二刀流だったから30―30を複数回達成できなかっただけだ。もし打者に専念していれば、そんなことはいくらでもできたはずだ。2024年は打者に専念して投手としてはチームに貢献できないから、盗塁も増やしてチームに貢献することにしたんだ。これから30―30も40―40も50―50も達成できるかもしれないぞ。二刀流ではなく打者に専念すれば達成できるかもしれないではなく、できるに決まっている〟。こうした意見は正しいと私も認める。2024年の大谷はシーズン前に盗塁を増やすためのトレーニングを懸命に行い、コーチと二人三脚で投手の癖を摑むつか努力もしていることを私も知っている。でも、猛反発は〝もし〟と将来のことばかりだ。〝もし〟を持ち出すのは、アルフォンソ・ソリアーノは〝もし〟2002年にもう1本本塁打を打っていれば40―40どころか40―40―40を2回達成したのだから凄い選手だと言うのと同じレベルの話になってしまう。勝負の世界で〝もし〟は禁句だ。結果がすべてなのだから。そして、100年後の人たちは大谷の事情をきちんと調べてわかってくれるだろうかと私は心配になる。

大谷がこれからどういう選手生活を送ることになるか私にはわからない。いつまで二刀流を続けるのか、打者に専念する年が再びあるのか……。そして、投手としても打者としてもどういう成績を残すか私にはわからない。でも大谷が30―30を複数回達成した選手になって、50―50を達成した唯一の男としてふさわしいと100年後の人たちにも思わせて欲しい。これがオータニクンの熱狂的ファンの私のささやかな願いだ。

56試合連続安打の〝謎〟

1941年、ジョー・ディマジオが56試合連続安打という記録を樹立した。1試合に少なくとも安打を1本は打つということを56試合も続けたなんて途轍もないことだ。空前絶後の記録だ。

〝それって、そんなに凄いことなのかなぁ〟と思う人のためにわかりやすい例をあげておこう。安打製造機のようにバンバン安打を打ちまくったイチローの大リーグにおける連続試合安打の最高は27試合。ディマジオの半分にも及ばないのだ。大谷翔平は18試合で、ディマジオの3分の1にも及ばない。

ディマジオの記録が如何に凄いかは、連続試合安打の順位を並べてみれば更に、そして一番良くわかる。30試合連続安打の選手（21人いる）は連続試合安打の記録としては30位だが、そこから上位に向けて記録を見ていくと、1試合ずつ増えていくのだ。31試合連続安打の選手、32試合連続安打の選手、33試合連続安打の選手……。2試合の間隔となっているのは4位の42試合連続から3位の44連続試合のときだけ。ところが、ディマジオは2位の45試合に一気に11試合も差をつけた56試合ときている。これでディマジオの56試合連続安打が如何に突出した凄い記録かわかるだろう。

で、ディマジオの56試合連続安打について「大リーグのすべての記録の中で最も偉大で、誰も破ることができない可能性が最も高い記録だ」とさえ言う人が少なからずいる。そこまで言わなくても、〝大リーグの打撃に関する記録に限れば最高のものだ〟と考えている人は極めて多い（私の考えもそうだ）。私が心底惚れた唯一の大リーガーで〝打撃の神様〟とも呼ばれるテッド・ウィリアムズも同じ考えをハッキリと表明している。……テッド・ウィリアムズはディマジオと同じアメリカン・リーグでプレーしていた。そしてジョー・ディマジオが56試合連続安打を樹立した１９４１年に打率４割６厘という凄い成績を残した（これが大リーグで最後の４割打者ということになった）が、アメリカン・リーグのＭＶＰには打率３割５分７厘にすぎないディマジオが選ばれた。この選考結果にテッド・ウィリアムズは何も文句を言わなかった。打率４割より56試合連続安打のほうが素晴らしいと認めていたからだ。

このディマジオの56試合連続安打について、私にはどうしても言っておきたいことがある。まず、或る米国人の本から始めたい。

スティーヴン・ジェイ・グールド（２００２年没。享年60）はアメリカの著名な古生物学者・進化生物学者で素晴らしい論文を発表しているが、一般向けの科学エッセー本も数多く出している。私はそうした本の愛読者だ。

グールドは大リーグの熱狂的ファンでもある。で、大リーグのことに絡めて生物進化を語るといった面白いエッセーもかなり書いている。最も有名なのは『フルハウス―生命の全容―四割打者の絶滅と進化の逆説』（1998年、早川書房、訳・渡辺政隆）。テッド・ウィリアムズを最後に四割打者がいなくなってしまった理由を見事に説明していて感動すら覚える。米国の野球通や野球記者でこの本を呼んでいない人は1人もいないと言ってイイと思う。日本ではこの本を読んでいない野球通と称する人や野球記者が今でも多いのは残念だ。

グールドはディマジオの56試合連続安打について触れた科学エッセーも書いている。『がんばれカミナリ竜　進化生物学と去りゆく生きものたち』（上下巻、1995年、早川書房、訳・廣野喜幸、石橋百枝、松本文雄）の下巻に所収された『連続の連続』というエッセーだ。そのエッセーの中でグールドは同僚でノーベル物理学賞の受賞者のエド・パーセルを紹介して、こう書いている。《パーセルの計算では、ベースボール史上、今日までに50試合連続安打が（50パーセントを上回る確率で）起こるためには、ベースボール選手名鑑のなかに1000試合以上出場で生涯打率が4割の打者が4人か、生涯打率3割5分の打者が52人いる必要があった。56試合連続ならば、なおさらである。実際には、生涯打率が3割5分を越えた者は3人しかおらず、それも4割にはほど遠い（タイ・カッブは3割6分7厘、ロジャース・ホーンスビーは3割5分8厘、シューレス・ジョー・ジャクソンは3割5分6厘）。ディマジオの連続記録は、アメリカのスポーツ界で起こった最もとてつもない事件なのである》。

このエド・パーセルの計算はどうやって行ったのか、そして、どういう根拠に基づいて行ったかわかります？　わからない方がほとんどだと思う。私もサッパリわからない。でも、どうしてもわかりたいとは思わない。〝わざわざ手間暇かけてこんな計算をした人がいたんだ〟としか思わない。どうしてかというと、この計算に大した意味などないと思っているからだ。ノーベル賞受賞者に対してこんなこと言ってしまう私はどうかしているのかもしれない。……どうかしているかもしれないではなく、確実にどうかしているのか？

連続試合安打と生涯打率に関係が〝もし〟（あくまでも〝もし〟だ）あるとしても大した関係ではないとしか私には思えない。それは、実際の記録を見ればわかる。56試合連続安打のディマジオの生涯打率は３割２分５厘で歴代48位、それに次ぐ45試合連続安打のウィリー・キーラーの生涯打率は３割４分１厘で歴代17位、44試合連続安打のピート・ローズの生涯打率は３割３厘で歴代178位、42試合連続安打のビル・ダーレンの生涯打率は２割７分２厘で歴代944位……。連続試合安打記録としては8位のジミー・ロリンズに至っては生涯打率２割６分４厘で歴代１０００位以下だ。

エド・パーセルの計算に大した意味などないと私が思う理由がもう１つある。こちらのほうが重要だ。それは、なぜディマジオなのかということ。どうして他の選手ではなくディマジオが56試合連続安打という記録を樹立したのかをパーセルの計算はまったく示していない。そんなことは必要ないと思っているとしたら、それは大間違いだと私は思う。ディマジオだからこそ樹立できたのだし、ディマジオでなければこんな凄い記録を樹立できないと私は思っているのだ。

ディマジオはたまたま運良く56試合連続安打を達成したわけではない。ディマジオは大リーグでプレーする前にマイナー・リーグの選手となった（多くの大リーガーが行うことだ。マイナーリーグでイイ成績を残せば大リーグでプレーできるようになる）。そして、いきなり61試合連続安打という凄いことをやってのけたのだ。高校を卒業したばかりの、まだ18歳の新人だったのに。

ディマジオがマイナーリーグで61試合連続安打、大リーグで56試合連続安打という大記録を残せたのは、ディマジオには唯一無二の特徴があるからだと私は思っている。

では、その特徴について。

ディマジオは首位打者に2回もなっている。つまり、安打を多く打てる好打者だった、それだけではなく、本塁打王にも2回なっている強打者でもあった（本塁打が50本を超えたことはなく46本が最高だが、30本以上の年が5年連続を含めて7回もある）。ちなみに打点王にも2回なっている。１９３７年の１６７打点（この年は、こんなに凄い打点なのに打点王ではない）は1年間の打点としては大リーグ歴代11位という見事な記録だ。

こういう成績を残した選手は他にもいる。ディマジオは三冠王になったことはないが、三冠王に2回もなった大リーガーが２人もいるくらいだから。でも、ディマジオほど常に強い打球を打つためにフルスイングをしているのに三振が極めて少ないという選手はいないのだ。それを示すデータを紹介しよう。ディマジオは大リーグで13年間プレーしたが、そのうち規定打席数をクリアーしたのは12年。その12年のうち7年で三振数が本塁打数より少ないのだ。大リーグ史上、こんな選手はディマジオ以外には1人もいない。たとえば、三冠王に2回もなって〝打撃の神様〟とも呼ばれるテッド・ウィリアムズは規定打席数をクリアーした13年のうち三振数が本塁打数より少ないのは1年だけだ。

このディマジオの唯一無二の特徴は生涯通算記録で比べるとさらに良くわかる。ディマジオは通算本塁打361本、通算三振369。三振が本塁打よりわずか8つ多いだけなのだ。テッド・ウィリアムズは本塁打521本、三振709。ベーブ・ルースは本塁打714本、三振1330。バリー・ボンズは本塁打762本、三振1539。現役選手もあげておこう。大谷翔平は本塁打225本、三振917。アーロン・ジャッジは本塁打315本、三振1209。本塁打王になるほど本塁打は打たないが安打は多く打って首位打者になっている選手もあげておこう。イチローは大リーグで首位打者に2回なっているが、通算本塁打117本、通算三振1080。現役選手からは2024年まで3年連続で首位打者のルイス・アレエスをあげておく。通算本塁打28本、通算三振194。

この特徴がどうして連続試合安打と結びつくのかを説明しよう。野球には運という要素もある。強い打球を打ったのに野手の正面に飛んだために安打にならなかったり、ボテボテのゴロを打ったのに、たまたま打球がイイところに転んだので内野安打になるといった具合に。でも最もコンスタントに安打を打つためには、やっぱり強い打球を打つことが一番イイ。毎試合の毎打席でフルスイングをして三振せずに強い打球を飛ばせば毎試合に1本は安打を打つことになる確率が高くなるのは当然だ。ディマジオより安打を数多く打ち、打率も高い選手はいるが、ディマジオのように毎試合コンスタントに安打を打っているわけではない。三振してしまったり強い打球を常に打っているわけではないので安打がゼロの日もあれば複数安打を打っている日もあるというパターンが多いのだ。本塁打に関しても同じ。ディマジオより本塁打を数多く打っている打者はいるが、ディマジオより三振が遥かに多いので毎試合安打を打つことなどできない。

以上がディマジオの56試合連続安打について私が考えていることだが、すべて正しいかどうかは皆さんで判断して頂きたい。そして、ディマジオが56試合連続安打を達成した理由が他にあるのであれば教えて頂きたいと思っている。

本書は朝日新聞連載「大リーグが大好き！」２００７年４月〜２０１８年４月掲載分と書き下ろし原稿で再編集したものです。

一部、朝日新聞出版より２０１２年に出版された『米国の光と影と、どうでもイイ話』および講談社より２０１８年に出版された『人に言いたくなる　アメリカと野球の「ちょっとイイ話」』と重複する内容があります。

著者略歴

一九四七年、東京都に生まれる。慶応義塾大学医学部を卒業。慶応義塾大学医学部准教授、病理診断部長を経る。

「宇宙飛行士・向井千秋の亭主」であることを潔く自認し、『君について行こう　女房は宇宙をめざした』『続・君について行こう　女房が宇宙を飛んだ』（共に講談社）を執筆。

『謎の1セント硬貨　真実は細部に宿るin ＵＳＡ』（講談社）で第25回講談社エッセイ賞を受賞。著書には『渡る世間は「数字」だらけ』（講談社）、『米国の光と影と、どうでもイイ話』（朝日新聞出版）などがある。

MLB FROM VARIOUS VIEWOINTS
URL https://www.mlb-mukai.com/

メジャーリーグに魅せられて
——天才たちの記録と伝説

二〇二五年四月六日　第一刷発行

著者　向井万起男

発行者　古屋信吾

発行所　株式会社さくら舎　http://www.sakurasha.com
東京都千代田区富士見一-二-一一　〒一〇二-〇〇七一
電話　営業　〇三-五二一一-六五三三　ＦＡＸ　〇三-五二一一-六四八一
編集　〇三-五二一一-六四八〇　振替　〇〇一九〇-八-四〇二〇六〇

装丁　村橋雅之

カバー写真　アフロ

本文写真　向井万起男

印刷・製本　中央精版印刷株式会社

ISBN978-4-86581-457-6